Alberto Villoldo
Schamanische Schöpferkraft

ALBERTO
VILLOLDO

SCHAMANISCHE SCHÖPFER KRAFT

Wie wir unsere Lebensvision Wirklichkeit werden lassen

Aus dem Amerikanischen übertragen von
Karin Weingart

Ansata

Die Originalausgabe erschien 2018 unter dem Titel
»The Heart of the Shaman. Stories & Practices of the
Luminous Warrior« bei Hay House Inc. USA

Die Verlagsgruppe Random House weist ausdrücklich darauf hin,
dass im Text enthaltene externe Links vom Verlag nur bis zum Zeitpunkt
der Buchveröffentlichung eingesehen werden konnten.
Auf spätere Veränderungen hat der Verlag keinerlei Einfluss.
Eine Haftung des Verlags für externe Links ist stets ausgeschlossen.

Verlagsgruppe Random House FSC® N001967

Erste Auflage 2019
Copyright © 2018 by Alberto Villoldo
Originally published in 2018 by Hay House Inc. USA
Copyright © der deutschsprachigen Ausgabe 2019
by Ansata Verlag, München,
in der Verlagsgruppe Random House GmbH,
Neumarkter Straße 28, 81673 München
Alle Rechte sind vorbehalten. Printed in Germany.
Umschlaggestaltung: Guter Punkt, München,
unter Verwendung von Motiven von © Monthira /
shutterstock & © letoosen / Adobe Stock
Satz: Satzwerk Huber, Germering
Druck und Bindung: Pustet, Regensburg
ISBN 978-3-7787-7547-9

www.ansata-verlag.de
www.facebook.com/Integral.Lotos.Ansata

Für La Loba,
Kriegsgöttin,
Hüterin der Träume

Betrachte ich einen Stern am Himmel,
sehe ich die Feuer alter Kulturen,
mutige Männer und Frauen
auf einer Reise in die Unendlichkeit.
In Schönheit träumen wir
neue Welten herbei.

Alberto Villoldo

Inhalt

Einführunug

Die Schamanen der Anden haben sich in den Dienst eines heiligen Traumes gestellt – eines Traumes, der die Planeten über den Himmel geleitet und das Geschick der Menschen lenkt. Der heilige Traum stellt eine Landkarte der Zukunft dar, die allerdings keine Wege aufweist, denen du folgen kannst, sondern nur die Pfade zeigt, die du selbst anlegst. Diese Karte ist flüchtig, verändert sich von einem Moment zum nächsten, verblüfft dich nach jeder Wendung – genau wie ein Traum.

Die Männer und Frauen, die diesem heiligen Traum dienen und ihn beschützen, bezeichnet man als *leuchtende Krieger*. Sie haben weder in dieser Welt Feinde noch in der nächsten und verfügen über immense Ressourcen.

Der heilige Traum offenbart die inhärente Ordnung des Universums. Er zeigt sich in den Jahreszeiten, in der Bestäubung der Blüten durch die Bienen, in der Verbundenheit aller Lebewesen und in ihren Beziehungen zueinander. In dieser Weisheit züchteten, kreuzten und kultivierten die Schamanen im alten Peru ihre Süßgräser, bis es schließlich mehr als 400 Maissorten gab. Anhand ihrer Beobachtungen des Nachthimmels sagten sie Sonnen- und Mondfinsternisse Jahrzehnte im Voraus vorher. Und weil sie begriffen, dass sie Teil eines Planes waren, der weit über sie hinausging, erfüllten sich ihre Herzen ganz natürlich mit einem Sinn für bedeutsames Handeln und erstrebenswerte Ziele.

Sobald wir uns des heiligen Traumes bewusst werden, erkennen wir, dass das Universum nicht aus toten Felsen besteht, die durchs Weltall rumpeln, aus lebloser Energie oder der dunklen Materie, von der die Naturwissenschaften sprechen. Vielmehr begreifen wir, dass der Kosmos etwas Pulsierendes, mit Bewusstsein Ausgestattetes ist, das sich danach sehnt, Schönheiten hervorzubringen wie blau-grüne Planeten, Spiralgalaxien und die mehr als zwanzigtausend Schmetterlingsarten, die es auf der Erde gibt.

Jedem von uns wurde ein Fragment des heiligen Traumes gegeben, damit wir es bewahren und auf unsere ganz eigene Art und Weise zum Ausdruck bringen. Sollten wir jedoch vergessen, dass wir einen wesentlichen, notwendigen Teil des heiligen Traumes verkörpern, gerät unser Leben in eine Abwärtsspirale, die schließlich ins Chaos führt, und unsere persönlichen Träume werden zu Albträumen.

An die Stelle des heiligen Traumes haben viele die Träume von Ruhm und Reichtum, von Macht und Facebook-Likes gesetzt. Doch sehen wir uns inzwischen globalen Krisen gegenüber – angefangen beim Klimawandel über das Artensterben bis hin zu Krieg, Hungersnöten, Krankheiten und Seuchen –, die uns in aller Dringlichkeit auffordern, einen ganz anderen Traum zu träumen – für uns und die Welt.

Der heilige Traum ruft uns. Und in diesem Buch werde ich dir erklären, wie du aus dem Schlummer aufwachen kannst, in dem du lebst und mit offenen Augen träumst, damit dir in Zukunft alle Möglichkeiten offenstehen.

Du findest deinen heiligen Traum, indem du drei der gewöhnlichen Träume transformierst, die viele von uns für echt und wahr halten und aus denen sie scheinbar nicht aufwachen können: den Traum von der Sicherheit, den Traum von der Beständigkeit und schließlich den Traum von einer bedingungslosen Liebe. Sobald du diese Träume transformierst – also akzeptierst, dass sich das Leben permanent verändert, dass du unweigerlich sterben wirst und nur du selbst dich von Ängsten und Unsicherheit befreien kannst –, ordnet sich das Chaos in deinem Leben und weicht der Schönheit.

Sobald du deinen heiligen Traum gefunden hast, erhältst du Zugang zur schöpferischen Kraft des Universums, die den Schamanen als *Urlicht* bekannt ist, damit du Schönes erschaffen und nicht nur dich heilen kannst, sondern auch andere. Dann wirst du zu einem leuchtenden Krieger. Du lebst in Furchtlosigkeit, weißt die Antwort auf die Frage »Wer bin ich?« und kennst die Wege, die über den Tod hinaus in die Unendlichkeit führen.

Auch du bist ein leuchtender Krieger – genau wie die Schamanen der Anden, die Laika. Denn du traust dich, unbequeme Wahrheiten auszusprechen, die universellen, das Leben bejahenden Werte hochzuhalten und couragiert zu handeln, Tag für Tag.

All das wird dir nach der Lektüre dieses Buches gelingen. Die Übungen auf den folgenden Seiten unterstützen dich bei der Erschaffung deines heiligen Traumes und helfen dir beim Aufbau einer von Mut und Visionen durchdrungenen Zukunft.

In einer Zeit, in der wir nur im Schlaf träumen, in der Feigheit als ehrenwert, die Post-festum-Analyse als weise gilt und die Spiritualität völlig blutleer geworden ist, sind diese Übungen des leuchtenden Kriegers unverzichtbar.

Sie werden dir helfen, Licht und Frieden in deine Welt zu bringen und deinen Anteil am höheren heiligen Traum der Menschheit zu entdecken.

Alberto Villoldo

Kapitel 1

Anders träumen

Es gibt dreierlei Arten von Wachtraum: Albtraum, Tagtraum und heiliger Traum. Bei der Erfüllung deiner Mission hier auf der Erde kann dir nur Letzterer helfen. In einem heiligen Traum zu leben setzt die Erkenntnis voraus, dass Tagträume zwar angenehm sein können, aber zu Albträumen werden, sobald sich die Lebensumstände verändern. Und was die Albträume betrifft, die wir alle so gern vermeiden würden: Jeder von ihnen hat einmal als Tagtraum begonnen, dessen Haltbarkeitsdatum inzwischen allerdings längst überschritten wurde und der schlecht geworden ist – wie Käse, der zu lange im Kühlschrank lag.

Zu einem Alb- kann sich sowohl der Tagtraum einer Liebesbeziehung entwickeln wie der eines bestimmten Arbeitsplatzes, der anfänglich so verführerisch wirkte, dann aber zu einem schwarzen Loch wurde, aus dem man partout nicht mehr herauskommt. Ein Freund von mir hat einmal gesagt: »Mein Job ist wie ein böser Traum, aus dem ich liebend gern aufwachen würde. Aber ich brauche ja den Schlaf.« Der Albtraum lässt kaum Hoffnung, dass sich etwas ändern könnte. Bist du darin gefangen, glaubst du womöglich, angesichts deines zunehmenden Alters seien gesundheitliche Zipperlein normal, und gewöhnst dich einfach daran, oder du hältst die Langeweile und den Frust deines Jobs beziehungsweise deiner Ehe für den Preis, den man für Sicherheit nun einmal berappen müsse. Vielleicht gelangst du auch zu der Überzeugung, du könntest nichts gegen die politisch-gesellschaftliche Spaltung in deinem Land oder gegen die zunehmende Gewalt in der Welt tun. Der Albtraum lähmt dich. Falls du Bekannte hast, die depressiv sind, kannst du mit großer Sicherheit davon ausgehen, dass sie in einem Albtraum gefangen sind, den sie mit der Wirklichkeit verwechseln und von dem sie nicht wissen, wie sie ihm entkommen sollen.

Sind wir in einer toxischen Beziehung gefangen, stellen wir uns über kurz oder lang vor, wie es anders sein könnte, und bringen unser gesamtes Konzentrationsvermögen auf, um uns eine alternative Realität zu erschaffen. Wir stellen uns vor, jemand Leichtfüßiges, Fröhliches träte an unsere Seite und damit zugleich auch die Chance, das Leben zu führen, das uns bislang entgangen ist. Eines Tages dann büxen wir mit unserer neuen Liebe aus – nur um zu erkennen, dass auch dieser Tagtraum ein Verfallsdatum hat.

Tagträume sorgen dafür, dass du weiterhin nach etwas außerhalb deiner selbst suchst, um dich heil und vollkommen fühlen zu können.

Dein nächster Tagtraum kann im Gewand deiner Hoffnungen und Sehnsüchte auftreten, in Form des Ziels, dein Leben in Ordnung zu bringen. Das Erstellen einer Liste mit allem, was du schon erreicht hast, der Plan, an deiner Beziehung zu arbeiten, oder Überlegungen, wie du die Bedingungen dafür schaffen kannst, dass sich dein Leben zum vermeintlich Besseren wendet – das hört sich alles vielversprechend an, kann aber ebenfalls zum Albtraum werden. Denn auch wenn du Job oder Partner wechselt, dir das gewünschte Haus oder Auto kaufst, bist du am Ende womöglich immer noch unzufrieden und findest deine Erfüllung nicht darin. Na, du verstehst schon, was ich meine: Das ganze Listenerstellen und schwere Schuften hat dich geradewegs in den Frust zurückgeführt.

Der Tagtraum veranlasst dich, aus dem Augenwinkel nach deinem wahren Seelengefährten zu schielen, obwohl du schon in einer Beziehung lebst. Er bewegt dich dazu, permanent nach einem neuen Guru, einer neuen Diät, einer neuen Wellnessanwendung Ausschau zu halten und dich zu fragen, was du dir womöglich alles entgehen lässt.

Ich selbst habe auch so einen Tagtraum gelebt, aus dem ein Albtraum geworden ist. In meinen Dreißigern traf ich jemanden, und wir dachten, wir hätten uns ineinander verliebt. Wir glaubten, die Liebe würde uns glücklich machen und all unsere Probleme lösen. Nun, da ich meine Seelengefährtin gefunden hatte, war ich überzeugt, ich würde für immer glücklich sein. Schließlich hatte ich ja mein ganzes Leben lang auf sie gewartet, dachte ich. Und dann wachte ich eines Tages auf und fragte mich: *Wer ist denn die Frau da in meinem Bett? Doch bestimmt nicht die, die ich geheiratet habe, oder?* Der Tagtraum hatte sich in einen meiner schlimmsten Albträume verwandelt. Ein Glück nur, dass wir keine Kinder hatten! Denn wir gingen im Groll auseinander und schoben uns gegenseitig die Schuld für das Scheitern unserer Ehe in die Schuhe. Vielleicht hattest du einen ähnlichen Albtraum ja auch einmal?

Tagträume mögen dir harmlos vorkommen oder eventuell sogar ganz angenehm sein, enden aber fast immer in einer

Katastrophe. Und ein Tagtraum, der sich nicht als Albtraum entpuppt, wiegt uns womöglich im Gefühl der Behaglichkeit, lässt uns aber nicht wachsen – und führt letztlich dazu, dass wir das Leben als fad und sinnlos empfinden. Manchmal narren uns Tagträume auch, und zwar, indem sie sich als mutige Träume – die immer die lohnendsten sind – tarnen, diese jedoch verhindern. Dann meinen wir ein bedeutsames, sinnvolles Leben zu führen und erkennen eines Tages, dass es überhaupt nicht an dem ist.

Woran du erkennst, dass du dein Leben unter dem Einfluss eines Tagtraumes führst?

Tagträume beinhalten immer eine Verabredung beziehungsweise eine Vereinbarung, die du mit dem Leben schließt – und zwar nach dem Muster »Wenn …, dann …«.

»*Wenn* ich erst einmal mehr Geld habe, *dann* verliere ich meine Angst.« »*Wenn* ich erst einmal glücklich bin, *dann* kann ich auch Dankbarkeit empfinden.« »*Wenn* wir erst einmal eine neue politische Führung haben, *dann* werden wir auch einen ernsthaften Dialog führen können.« Oder: »*Wenn* ich erst einmal die wahre Liebe, meine eigentliche Berufung, das perfekte Haus, den Superjob gefunden habe, *dann* werde ich …«

Vor einigen Jahren wurde mir vom Arzt eine dramatische Diagnose gestellt. Auf meinen Reisen durch das Amazonasgebiet hatte ich mir zig verschiedene Parasiten zugezogen. Bis dahin war ich überzeugt gewesen, dass zwar andere Menschen alterten oder erkrankten, aber ich doch nicht. Nun jedoch war ich selbst beinahe todkrank und fühlte mich wie ein alter Mann. Ich betete zu Gott: »*Wenn* ich erst einmal wieder gesund bin, *dann* werde ich mein Leben in den Dienst anderer stellen und ihnen helfen.«

Gott aber mag solche Deals nicht. Doch als ich den »Wenn, dann«-Vertrag umdrehte, begann ich aufzuwachen. Denn ich erkannte:

1. Sobald ich dankbar bin, bin ich auch zufrieden.
2. Sobald ich mein Leben der Dienstbereitschaft widme, werde ich gesund.
3. Sobald ich mich verpflichte, stets die Wahrheit zu sagen, werde ich zu einer echten Führungspersönlichkeit.

Bevor ich wieder gesund werden konnte, musste ich mein Leben umwidmen, es einer Mission weihen, die über mich hinauswies. Ich musste den Albtraum der Erkrankung transformieren, um den heiligen Traum entdecken zu können, der meinem Leben einen neuen Sinn gab, auch wenn ich keine Garantie dafür hatte, dass ich wieder gesund würde und mir noch ein langes Leben bevorstünde.

Ein heiliger Traum verleiht deinem Leben eine Richtung, in der es nicht einfach nur darum geht, nicht zu sterben oder Unbehagen zu vermeiden und dabei noch einigermaßen zufrieden zu sein. Vielmehr ermutigt er dich, die Mysterien des Lebens und der Liebe zu erkunden, dir einen Eindruck von einer Wirklichkeit jenseits des Todes zu verschaffen und eine zeitlose Wahrheit für dich zu entdecken. Der heilige Traum setzt voraus, dass du kühn und couragiert agierst und nicht in das gesellschaftliche Konsensgequatsche einstimmst – das von allen Bejahte und von niemandem Infragegestellte –, obwohl es sich dabei doch bloß um ein populäres Märchen handelt, das uns zu Tagträumen veranlasst, die sich in Albträume verwandeln.

Woran du erkennst, dass du auf einen heiligen Traum gestoßen bist?

Daran, dass er viel größer ist als du und dass es dir unmöglich vorkommt, alles, was du dir vornimmst, auch erreichen zu können. Ein heiliger Traum katapultiert dich auf eine Mission, wie es zum Beispiel bei Martin Luther King jr. und Mahatma Gandhi der Fall war. »Aber ich bin doch kein Gandhi«, wirst du vielleicht einwenden. Stimmt. Und du musst dir ja auch nicht das Ziel setzen, eine Milliarde Menschen in die Freiheit zu führen. Was aber, wenn deine Bestimmung in etwas weit Größerem bestehen würde, als du es dir bislang vorgestellt hast?

Solltest du krank, traurig oder depressiv sein, wirst du dich schwertun, einen heiligen Traum zu finden. Unter diesen Umständen fallen deine Träume viel kleiner aus. Dann genügt es dir schon, deinen alten Daseinszustand zurückzugewinnen. Ich erinnere mich noch gut an meine Heilkrise, als ich schon nach 50 Schritten völlig erschöpft war. Zu der Zeit habe ich nur davon geträumt, wieder um den Block gehen zu können, ohne anschließend total k.o. zu sein. Doch ich war zu dem größeren Traum berufen, anderen zu Diensten zu sein, auf welche – bescheidene – Weise auch immer. Aber wie sollte das gehen, wo ich doch kaum aus dem Bett kam und die Ärzte ernsthaft bezweifelten, dass ich je wieder zu einer meiner geliebten Bergwanderungen würde aufbrechen können? Doch da erkannte ich: Sobald du einen heiligen Traum hast, schlägt sich das Universum aktiv auf deine Seite, damit das Unmögliche möglich wird. Es versieht dich mit Energien und Fähigkeiten, die dir vorher nie zur Verfügung standen. Bald konnte ich tatsächlich wieder einen Spaziergang um den Block machen, und heute bin ich auf der ganzen Welt unterwegs, um ins Leben aller, denen ich begegne, mehr Schönheit zu bringen – das Herschenken (»Give-away«) von Schönem zu praktizieren, das ich später noch näher erläutern werde.

Die Entdeckung des heiligen Traumes setzt eine gehörige Portion Mut voraus. Denn du kannst dann kein passiver (und ängstlicher) Zuschauer mehr sein, der das bedeutsame Leben beobachtet, das die anderen führen. Und an deiner Haustür klingeln wird der heilige Traum auch nicht: Du musst schon bereit sein, dein gewohntes Umfeld zu verlassen, und dich auf die Suche begeben. Und du darfst deine persönliche Integrität nicht gefährden, darfst dich nicht verführen lassen, den »einfachen Weg« zu wählen. Denn der heilige Traum fordert dich auf, der Lüge entgegenzutreten, dein Tagtraum wäre ausreichend, um dir auf Dauer ein gutes Gefühl zu geben.

Aus allen diesen Gründen wird der heilige Traum auch als Weg des leuchtenden Kriegers bezeichnet.

Der Ausbruch aus dem Tagtraum

Die folgende Übung wird dir helfen, die »Wenn, dann«-Gleichung hinter dir zu lassen und den Kampf gegen einen Tagtraum zu beenden, der sich allmählich in einen Albtraum verwandelt. Das geht, indem du die mit dir selbst geschlossene Vereinbarung aufkündigst, in der du festgelegt hast, ab wann du glücklich oder gesund sein beziehungsweise innere Ruhe gefunden haben wirst. Deine Wünsche sollten nie an Bedingungen irgendeiner Art gekoppelt sein.

Ergänze die folgenden Sätze so, dass du die drei Hauptvereinbarungen mit dir erkennst, die du gleich heute noch aufkündigen solltest:

1. Wenn ich _____,

   dann werde ich _____.

2. Wenn ich _____,

   dann werde ich _____.

3. Wenn ich _____,

   dann werde ich _____.

Ginge es in diesem Buch um die Verbesserung deines persönlichen Wohlbefindens, könnten wir es an dieser Stelle bereits gut sein lassen. Denn dann hättest du jetzt eine einfache Formel an der Hand, die dich glücklich machen würde. Aber hier geht es nicht nur um Tagträume und das Erwachen aus dem Albtraum, den du lebst, sondern vielmehr um die Entdeckung deines heiligen Traumes.

Schau dir die Vereinbarungen, die du mit dir getroffen hast, jetzt noch einmal an. Warst du dir ihrer eigentlich bewusst?

Streiche dann den ersten Teil der Sätze und formuliere den zweiten so um, dass er »Ich werde …« lautet.

1. Ich werde _____.

2. Ich werde _____.

3. Ich werde _____.

Damit hast du neue Ziele formuliert, die du zudem exakt in diesem Moment erreichen kannst. Meine Ziele damals lauteten:

1. Ich werde dankbar sein.
2. Ich werde mein Leben in den Dienst der Menschen stellen.
3. Ich verpflichte mich, stets die Wahrheit zu sagen.

Anders als bei sonst üblichen Zielen musst du bei diesen nicht lange überlegen, wie du sie erreichen willst. Vielmehr bekennst du dich zu ihnen und nimmst jede Gelegenheit wahr, sie praktisch umzusetzen. Indem du dankbar bist. Indem du deine Dienstbarkeit unter Beweis stellst. Indem du die Wahrheit sagst. Und so weiter und so fort. Die Ausreden, weshalb du das Leben, das du dir wünschst, noch nicht führen kannst, sollten jetzt endgültig der Vergangenheit angehören.

Bitte überspring diese erste Übung auf gar keinen Fall, denn sie ermöglicht es dir, die drei Albträume zu identifizieren und zu transformieren, die dir bei der Entdeckung deines heiligen Traumes helfen werden.

Das Ende unserer kollektiven Albträume

- Aus dem Tagtraum der Sicherheit ist der Albtraum der Unsicherheit geworden: Was kann dir in einer gefährlichen Welt Schutz bieten?
- Aus dem Tagtraum der Beständigkeit und Dauerhaftigkeit ist der Albtraum des Todes geworden: Warum muss alles enden, auch dein Leben?

- Aus dem Tagtraum einer Liebe ohne Wenn und Aber ist der Albtraum einer an Bedingungen gekoppelten Liebe geworden: Wie findest du den einen Menschen, den du liebst und der dich genauso liebt, wie du bist?

Diese drei Albträume sind nicht bloß individueller Natur, sondern fest in unserer modernen Gesellschaft verankert. Sicherheit, Gesundheit und Liebe wünschen wir uns ja alle und können, scheint's, gar nicht genug davon bekommen. Doch am Ende leben wir in Angst und gefühlter Unsicherheit, suchen in einer Welt, die sich unserer Kontrolle entzieht, vergebens nach Sicherheit. Nicht weniger als den Tod selbst fürchten wir die Zeugnisse dafür, dass wir ihm langsam, aber sicher entgegenschlittern, und wünschen uns verzweifelt, die Zeichen des Alterns und Verfalls ignorieren zu können. Aus Angst vor Ablehnung bleiben wir einsam und ungeliebt zurück. Um in Beziehungen auf gar keinen Fall mehr zu geben, als wir bekommen, gehen wir auf Nummer sicher – und machen sie damit über kurz oder lang kaputt. In genau diesen Albträumen landen wir schließlich – obwohl wir doch so bemüht sind, uns Schmerzen zu ersparen und glücklich zu werden.

Sobald wir beginnen, diese Albträume einzeln zu analysieren, geraten wir auf eine Erkundungsreise, an deren Ende wir unseren heiligen Traum entdecken können – nach dem sich im Übrigen die meisten von uns sehnen. Wie Parzival zu Zeiten von König Artus können auch wir den Heiligen Gral entdecken – unseren heiligen Traum. Dafür müssen wir aber tapfer sein und statt des bereits von vielen Füßen breitgetretenen Pfades, der nie zum Erfolg führt, den unmarkierten Weg zum Schloss wählen.

Bleibst du deiner Suche treu, wird sich dir dein heiliger Traum offenbaren. Und du wirst zu einem leuchtenden Krieger. Wie schwer die Herausforderung auch sein mag, mit der du es zu tun bekommst: Auf deinem Weg werden dir ungeahnte spirituelle Ressourcen zur Verfügung stehen, die es dir ermöglichen, all deinen Mut zu fassen und deine Bestimmung anzunehmen. Sie besteht darin, im Einklang mit dem Spirit eine neue Welt herbeizuträumen.

Der heilige Traum, der sich dir zeigen wird, besteht aus Licht. Aus reinstem Licht, das keinerlei Gestalt besitzt – und doch die Quelle aller Formen darstellt, die uns umgeben. Im heiligen Traum ist das Licht die wahre Natur des Wassers, der Erde, des Feuers und des Windes. In dem Maße, in dem du den heiligen Traum erkundest, wird dir klar, dass sogar Planeten und die Sonne nicht weniger als Bäume und Wale aus dick in Materie verpacktem Licht bestehen. Licht ist der »Urstoff« des Universums, dem die Weisen Gestalt verleihen, indem sie »die Welt herbeiträumen« – nicht viel anders als der Töpfer, der aus Tonerde und Wasser eine Schüssel gestaltet.

Den Weisen der Anden war das Licht des heiligen Traums, das auch Urlicht genannt wird, als *Ti* bekannt. Hört sich kompliziert an, ich weiß. Aber schauen wir mal weiter.

Unsere Tagträume verwandeln sich über kurz oder lang in Albträume. Selbst die besten schlagen irgendwann um. Und die erste Übung zur Transformation dieser Albträume besteht darin, die »Wenn, dann«-Verträge, die wir mit uns selbst geschlossen haben, mit sofortiger Wirkung zu kündigen.

Nun möchte ich dich bitten, die »Wenn, dann«-Übung durchzuführen – jetzt gleich. Mit deinen Willenserklärungen

»Ich werde …« beginnst du, aus deinen Tagträumen aufzuwachen. Lies bitte erst danach weiter.

Mit der Befreiung aus deinem alten Vertrag beginnt eine Reise, auf der du deinen heiligen Traum finden und die Kraft des Ti entdecken wirst.

Wow, sagst du vielleicht, das hört sich ja gar nicht schlecht an, fast so gut wie ein Sechser im Lotto: Ich entdecke meinen heiligen Traum und bekomme obendrein noch die Schlüssel zur unbeschränkten Kraft der Schöpfung zugesteckt. Ich werde zu einem leuchtenden Krieger, der keine Feinde kennt. Nee, echt nicht übel.

Und dann erkennst du, dass damit der Auftrag verbunden ist, Schönes zu erschaffen, Leiden zu beenden, Welten zu erträumen – beginnend mit deiner eigenen.

Die Kraft von Ti

Während meines Anthropologiestudiums habe ich gelernt, dass sich die Inka für die Kinder der Sonne hielten. Später dann stellte sich heraus, dass das nicht ganz stimmt. Wohlmeinenden Akademikern war ein Fehler unterlaufen. Ti ist nämlich das *Licht*, und der Sonnengott der Inka hieß *Inti*. Dieser Ausdruck bezeichnet die Sonne in der Mittagszeit, wenn das Licht am stärksten ist – im Unterschied zum jungen Licht des frühen Morgens oder der nachlassenden Helligkeit bei Sonnenuntergang. Die Sonne ist die Quelle des Lichts, aber nicht *das Licht selbst*. Ebenso wenig, wie die Taschenlampe der Lichtstrahl ist. Du darfst ja auch nicht vergessen: Bis vor relativ kurzer Zeit wussten wir noch gar nicht, dass die Sonne ein Ball aus glühendem Plasma ist, der 1,3 Millionen Planeten von der Größe der Erde umfassen könnte. Viele indigene Völker nehmen die Sonne als ein Loch im Himmel wahr, durch welches das Licht fällt und unsere Welt beleuchtet.

Die Inka hielten sich für die Kinder von Ti. Ti unterscheidet sich von der Sonne wie der Feuerschein von einem brennenden Holzscheit. Das Wort Ti wird mit alten Örtlichkeiten assoziiert, zum Beispiel dem Titicacasee auf dem Dach der Wel, oder mit Paititi, der Verlorenen Gold-Stadt der Inka, und Tiwanaku, dem Zeugnis der ältesten Kultur der Anden.

Der Überlieferung nach besteht die Kraft von Ti unter anderem darin, Schönes zu erschaffen, Kranke zu heilen und neue Galaxien hervorzubringen. Dies ist die Kraftquelle der Schamanen. Doch unsachgemäß eingesetzt kann sie auch zerstörerisch wirken.

Der heilige Traum, heißt es, bestehe aus dem Licht von Ti, und um sich daran zu erinnern, genüge es vollkommen, bei Tagesanbruch in die Sonne oder nachts in einen schimmernden Stern beziehungsweise in ein Feuer zu schauen. Ti stellt einen Plan der Geschicke des Kosmos sowie jedes einzelnen Lebewesens dar. Eine Blaupause für unsichtbare Lichtstädte, für Frieden und Schönheit im gesamten Kosmos. Doch dieser Ausgang ist keinesfalls in Stein gemeißelt; eine Garantie besteht nicht dafür. Voraussetzung ist vielmehr, dass jeder von uns sich seines Teils des Traumes von dieser möglichen Zukunft annimmt und Sorge trägt, ihn zu realisieren.

Als Pachacútec Yupanqui, der neunte Herrscher über das Inkareich, noch ein junger Mann war, begab er sich auf eine Visionssuche in die Berge. Auf dem Weg nach Cusco hielt er an einer unter dem Namen Susurpuqio bekannten magischen Quelle an. Als er, um seinen Durst zu stillen, einen Eimer in das Wasser tauchte, wurde er von einem Lichtschein geblendet, und eine Stimme legte ihm seine Bestimmung dar: die Ausweitung des Inkaterritoriums zum größten Königreich, das es auf amerikanischem Boden je geben würde. Als »Reich der Sonne« sollte es in den Anden eine tausendjährige Friedensperiode einleiten. Doch würde Pachacútec Yupanqui auch vor große Herausforderungen gestellt werden. Bei seiner Rückkehr nach Cusco musste er feststellen, dass sich das Volk der Chanka, schon seit Langem mit den Inka verfeindet, anschickte, in die Stadt einzudringen. Wie alle gesunden Männer hatte auch sein Vater Cusco bereits verlassen.

Pachacútec Yupanqui verstand, was von ihm verlangt wurde, wusste aber nicht, wie er es anstellen sollte. In der Stadt waren nur noch die Alten und ein paar Straßenjungen verblieben. Diesen bunten Haufen versammelte Pachacútec Yupanqui um sich und griff die nichts ahnenden Chanka an, die sich auf der Festung Sacsayhuamán oberhalb von Cusco verschanzt hatten. Der Legende nach wurden die Steine wie von Zauberhand lebendig und schleuderten sich ganz von selbst den Eindringlingen entgegen, die sich auf ihre Ländereien am anderen Ufer des Apurímac flüchteten. Dabei gab es keinen einzigen Toten.

Pachacútec Yupanqui wurde zum Leitbild des leuchtenden Kriegers, der auf spirituelle Ressourcen zurückgreifen kann, wenn er der Bestimmung nachkommt, die seinem heiligen Traum entspricht.

Wie dereinst Pachacútec Yupanqui offenbart das Urlicht auch uns den heiligen Traum und unsere Bestimmung. Und wie Pachacútec Yupanqui müssen auch wir uns schier unüberwindlichen Herausforderungen stellen. Dann sind wir aufgefordert, darauf zu vertrauen, dass Ti uns genau die außergewöhnliche Hilfe zuteilwerden lässt, die wir benötigen.

Die Schamanen wissen, dass alles Lebendige aus hochkomprimiertem, fest zu Materie gebündeltem Licht besteht. Und je freigebiger sie ihr Licht mit anderen teilen, desto mehr befreien sie sich aus den Albträumen, von denen diejenigen gequält werden, die in einem einengenden Traum von persönlicher Bereicherung oder Bequemlichkeit gefangen sind.

Wegen seiner unendlichen Großzügigkeit waren die frühen Völker versucht, Ti anzubeten. Die Inka jedoch erkannten, dass man das Urlicht nicht als Gott verehren kann. Denn das würde ja bedeuten, die eigene Natur – zu Fleisch und Blut komprimiertes Licht – zu verleugnen. Sobald du dein wahres Wesen begreifst, strahlst du ganz aus dir selbst heraus, genau wie die Sonne. Und der Sonne vergleichbar, die das Einzige ist, was keinen Schatten wirft, wirst du deine dunklen Seiten und die unerlösten Teile deiner Psyche nicht länger auf andere projizieren müssen.

Im Zuge meiner Heilreise habe ich begriffen, dass ich, wie alle anderen Menschen auch, aus dem Urlicht bestehe. Seither badet jede Zelle meines Körpers in diesem Wissen und genießt es. Vergesse ich es einmal kurz, zieht sich alles in mir zusammen. Mit einem Mal frage ich mich, wer ich bin, was ich da gerade mache und wohin sich mein Leben entwickeln soll. Überall um mich herum sehe ich plötzlich Kontroversen, die ich meine, ausfechten zu müssen. Wann immer ich das erlebe, versuche ich zur Ruhe zu kommen, mein inneres Licht wiederzufinden und mir vor Augen zu führen, dass meine Natur identisch ist mit der des Urlichts. *Ich bin das Licht.*

Das Urlicht umfasst grenzenlose Ressourcen, die dir jetzt zur Verfügung stehen und es dir erlauben, Schönes zu erschaffen, wie immer du magst. Manche heilen, andere lehren, Dritte spenden Sterbenden oder Kranken Trost. Wieder andere bringen herrliche Ideen hervor, träumen etwa Städte in den Wolken herbei wie Machu Picchu oder studieren die Bewegungen der Sterne.

Religiöse Lehren versus spirituelle Weisheit

Die spirituelle Tradition des Schamanismus existierte bereits vor der Religion und verfügt über einen großen Schatz sehr, sehr alter Weisheiten. In den heutigen Religionen erkennen Forscher die Lehren der alten Schamanen in verschlüsselter Form. Wie alle spirituellen Traditionen beruht auch der Schamanismus auf Lebenserfahrung und nicht auf heiligen Texten oder Dingen, die andere erlebt haben. Religionen dagegen fußen nicht auf Erfahrungen, sondern auf Glauben. Die Weisheiten des Buddhas und die Lehren Jesu Christi allerdings konnten aufgrund der tiefgründigen Wahrheiten, die sie transportieren, dem Lauf der Zeit trotzen. Die Lektionen des Buddhas in Sachen Mitgefühl und Lindern des Leidens sowie die Praxis der Meditation sind heute nicht weniger wertvoll als in ihren Anfängen vor zweitausendvierhundert Jahren. Und die Aufforderung »Liebe deinen Nächsten wie dich selbst« oder auch die Praxis des Betens sind heute noch genauso relevant wie vor zweitausend Jahren, als Jesus sie am See Genezareth predigte.

Die beiden großen Religionen Buddhismus und Christentum existieren seit Jahrtausenden, weil sie Wege aufzeigen, die drei zu Albträumen gewordenen Tagträume zu transformieren, die so großes Leiden verursachen. Das Christentum bietet eine klare, tröstende Lösung des Albtraums der Unsicherheit und des Albtraums des Todes an. Im Psalm 23 heißt es, wir seien von Gott beschützt: »Und ob ich schon wandere im finsteren Tal, fürcht ich kein Unglück ...« Der christliche Glaube, in dem ich erzogen wurde, versicherte mir, dass ich durch mein Handeln und die Gnade Gottes das ewige Leben würde erreichen können. Die wahre Liebe, erklärte die Kirche, war die selbstlose Liebe von Jesus Christus, an der sich alle Menschen ein Beispiel nehmen können.

Wie manche anderen Weltreligionen beruht auch das Christentum auf der Existenz eines vergebenden, mitfühlenden Gottes. Doch im Laufe der Jahrhunderte kam es zu Veränderungen: Wurden die Gläubigen ursprünglich ermutigt, den Erfahrungen von Jesus Christus als Weg zur Befreiung nachzueifern (wie Jesus handeln, Christusbewusstsein herausbilden), gilt heute allein schon der Glaube an Jesus als Weg. Die junge Kirche beruhte noch auf *Erfahrung*, die heutige auf *Glauben*.

Der Buddhismus geht nicht von der Existenz eines oder mehrerer Götter aus. In seinen Meditationen, heißt es, sei der Buddha zahllosen göttlichen Wesen begegnet, nie aber einem Schöpfergott. Der buddhistischen Lehre zufolge hast du vor diesem bereits zahlreiche Leben gehabt und wirst auch weiterhin als Mensch wiedergeboren werden. Was wahre Sicherheit betrifft, so stellt sie sich ein, sobald du in der Lage bist, die Frage »Wer bin ich?« zu beantworten.

Und die Liebe? Vom Buddha soll die Aufforderung stammen: »Strahlt endlose Liebe auf die ganze Welt aus …« Die Praxis des Meditierens beruht auf deinem *Erleben*. Von einem simplen *Glauben* an die Reinkarnation will der Buddhismus nichts wissen. Vielmehr werden seine Anhänger ermutigt, diese Möglichkeit anhand der eigenen Meditationserfahrungen auszuloten. So bietet also auch der Buddhismus einen Ausweg aus dem Albtraum der Unsicherheit und dem des Todes an.

Als Jugendlicher habe ich gegen die christliche Lehre rebelliert, weil ich das Gefühl hatte, sie würde mich nur noch tiefer in den Schlummer versinken lassen, statt mir beim Erwachen behilflich zu sein. Mir war immer weniger danach, Gott um Schutz vor den Mobbern unter meinen Mitschülern zu bitten und mich dabei dreimal zu bekreuzigen. Mir war immer weniger danach, die Engel zu bitten, dass ich am nächsten Morgen wieder würde aufwachen dürfen, und »Doch sollte ich in der Nacht sterben, bitte ich den Herrn, meine Seele zu sich zu nehmen« zu beten. Doch ich sehnte mich aus tiefstem Herzen nach der Liebe Gottes oder irgendeines anderen, ja, jedes X-Beliebigen, der mich so wahrnehmen und lieben konnte, wie ich war.

Kürzlich stand ein Grüppchen wohlmeinender Missionare bei uns zu Hause vor der Tür und fragte mich, ob ich an Jesus glaube. »Natürlich glaube ich an Jesus«, gab ich zurück.

Dann wollten sie wissen, ob ich glaube, dass Jesus der Sohn Gottes sei. »Selbstverständlich«, erwiderte ich. Und erklärte, dass ich katholisch erzogen worden sei und unlängst meine Mutter zur Heiligen Kommunion begleitet habe. Als ich die Oblate zu mir nahm, die sich beim Abendmahl in den Leib

Christi verwandelt, so erzählte ich, war mir, als würde mein Körper sich in Jesus verwandeln. Und eine tiefe innere Ruhe kam über mich.

Mein Bericht schien die Missionare so zu verwirren, dass sie sich ganz schnell verabschiedeten.

Nachdem sich meine Begeisterung für den christlichen Glauben gelegt hatte, wendete ich mich dem Studium des Buddhismus zu. Den vielen akademischen Büchern über die simple Erfahrung des Meditierens nach zu urteilen hatte er den Pfad des Intellekts eingeschlagen. Nach Jahren, in denen ich das stille Dasitzen als wahnsinnig unbequem und schier unerträglich empfunden hatte, lernte ich es schließlich, zu genießen. Aber insgeheim suchte ich immer noch nach etwas Heiligem. Ich war auf der Suche nach einem Schatz, den ich nicht näher hätte erklären können.

Für den Schamanismus begann ich mich als Anthropologe zu interessieren und stellte fest, dass auch er sich mit den Kernfragen von Liebe, Sicherheit und dem Leben nach dem Tod herumschlug. Schamanen beten nicht in der Form, die wir gewohnt sind. Und sie meditieren auch nicht. Stattdessen begeben sie sich auf Visionssuche und unternehmen schamanische Reisen. Sie gehen in die Natur und fasten, trinken nur Wasser. Nachdem sie einige Tage nichts gegessen und den ganzen Zucker in ihrem Organismus verbrannt haben, geraten sie in jenen Zustand zwischen Schlaf und Wachsein, in dem die Wirklichkeit an Objektivität verliert und fluide wird. In diesem Moment scheint die Zeit anzuhalten, sich zu krümmen und in Falten zu werfen, ganz wie im Traum. Dann könnte man sich zum Beispiel in einem Moment am Fuße eines Berges befinden und im nächsten wie von Zauberhand an einem warmen Strand mit pudrig weichem Sand. Gewöhnliche Menschen erleben das womöglich wie eine leichte hungerbedingte Halluzination. Ein Schamane dagegen bleibt unter solchen Umständen voll fokussiert und bei Bewusstsein, damit er seinen gestaltlosen Meistern gegenübertreten kann, die ihn an ihrer Weisheit teilhaben lassen. Weil ihre Natur mit der des Urlichts identisch ist, bestehen diese Wesenheiten aus Licht und begegnen allen, von denen sie um Hilfe ersucht werden, mit grenzenloser Großzügigkeit. Äußerlich kommt ihnen nichts so nah wie unser Bild von den Engeln, die wir aus der Bibel kennen: numinos, durchscheinend, himmlisch.

Während meiner Visionssuchen im Amazonasgebiet lernte ich, mich in diese traumartigen Zustände zu versetzen, und fühlte mich darin wacher und lebendiger als in meinem gewöhnlichen Leben. Mir wurde klar, dass ich mir bislang immer Liebespartnerinnen gesucht hatte, die mir ein Gefühl der Sicherheit gaben und keine Herausforderung für mich darstellten. Und ich realisierte auch, dass meine Angst vor dem Tod der Grund dafür war, dass ich mich in den Dschungel und auf Reisen begab, die den Tod geradezu herausforderten (jedenfalls in den Augen meiner »vernünftigen« Freunde).

Schließlich begriff ich, dass ich die drei Tagträume, die mich so viele Jahre lang in ihren Fängen hatten und zu Albträumen geworden waren, transformieren konnte. Dieses Wissen war genau der Schatz, nach dem ich gesucht hatte.

Im Amazonasgebiet lernen Schamanen das Fährtenlesen in der unsichtbaren Welt des Urlichts: Weil sie wie Jäger in der Lage sind, einem Jaguar durch den Wald zu folgen, kann man auch die Meister aufspüren, die die Antworten besitzen, die man braucht. In einem nicht gewöhnlichen Bewusstseinszustand treten Schamanen in die untere Welt ein, die der Vergangenheit. Hier können die Ahnen dir helfen, deine Wurzeln zu finden, oder einem Patienten behilflich sein, einen Seelenbestandteil zurückzuholen, dessen er infolge eines weit zurückliegenden Traumas verlustig gegangen ist.

Auch die obere Welt können Schamanen betreten; sie entspricht der Zukunft. Hier können dir die Herren des Morgen helfen herauszufinden, was aus dir wird, und dich bei der Suche nach deiner eigentlichen Bestimmung unterstützen.

In den Höhen der Anden lernst du, deine Albträume durch das Erleben des Urlichts zu transformieren. Der Andenpfad ist deshalb so mühsam, weil die *Indios* lernen mussten, den Albtraum der spanischen Eroberung in ein Präsent und eine Chance zu verwandeln. Sie mussten lernen, ihren Feinden zu vergeben, den Männern, die ihre Mütter und Großmütter vergewaltigt hatten.

Der Amazonaspfad setzt einen lebenden Lehrer voraus, der dich sowohl durch das Reich der Ahnen als auch durch das der Ungeborenen geleitet. Die Wesenheiten, die du unterwegs triffst, können dir helfen, das Urlicht zu entdecken und deinen heiligen Traum zu finden. Sie können dir mit Erfahrungen behilflich sein, die den Auffassungen, die man dir eingebläut hat, allerdings häufig widersprechen.

Ein Freund von mir ist Roshi, ein buddhistischer Lehrer. Eines Sonntags saßen wir bereits seit etwa einer Stunde mit gekreuzten Beinen in seinem Kloster und meditierten, als ich in eine Art friedvolle Träumerei geriet, während ich meinem Atem folgte: ein und aus und ein und … Während meiner Ausbildung zum Schamanen habe ich gelernt, dass die Meditation quasi eine Rampe darstellt, von der aus man das Urlicht erkunden kann. Und als ich nun die Halle mit meinem inneren Auge absuchte, bemerkte ich an den Wänden ein halbes Dutzend leuchtender Wesenheiten. In seidene Mönchsroben gekleidet meditierten sie mit uns gemeinsam. Hin und wieder schwebte eines dieser Wesen in den Raum hinein und berührte jemanden in einer segnenden oder heilenden Geste. Dass ich sie dabei beobachtete, schien sie zu amüsieren.

Als wir nach der Sitzung allein waren und ich den Roshi auf das Erlebte ansprach, entgegnete er: »Erscheinungen schenken wir im Zen keinerlei Beachtung. Wir betrachten sie als Ablenkungen.« Da ich darin eine leise Zurückweisung sah, wechselte ich schnell das Thema.

Ein Jahr später begleitete mich der Roshi auf einer meiner Machu-Picchu-Expeditionen. Da ich mit dem Chefarchäologen befreundet war, hatten wir auch nachts Zugang zur Anlage, wenn keine Touristen mehr da waren. Bei uns war ein Schamane, der mit dem San-Pedro-Kaktus arbeitete und uns anbot, von seinem visionsfördernden Gebräu zu trinken. Ebenfalls mit von der Partie: Don Manuel Quispe, einer der großen Schamanen der Anden. 1962 war ich in einer Ausgabe des *National Geographic* auf ihn gestoßen, in der er im Rahmen eines großen Artikels über Inkadörfer in mehr als viertausendachthundert Metern Höhe interviewt wurde. Als Quipukamayok gehörte er zu den Letzten, die noch in der Lage waren, die Knotenschrift Quipu zu lesen. Er erinnerte sich der Geschichten aus den Tagen, als die Zeit noch jung war und die Kinder des Lichts aus dem Titicacasee auf dem Dach der Welt kamen. Er wurde mein Mentor.

In der Nacht schlüpft Machu Picchu aus der Zeit heraus. Sobald die Touristen weg sind, durchstreifen die numinosen

Bewohner der Stadt des Lichts die Zitadelle. Visionsfördernde Pflanzenmedizin wie der San Pedro helfen, zu erkennen, dass der Ort bewohnt ist. Im schummrigen Licht des abnehmenden Mondes gingen wir auf den Haupttempel zu, einen unüberdachten Hofraum mit drei großen Fenstern auf einer Seite. Kaum waren wir dort eingetroffen, kam der Roshi zu mir; und obwohl es warm war in der Nacht, zitterte er am ganzen Leib.

»Hier wimmelt es ja nur so vor Geistern«, sagte er. »Schau bloß, da: der mit der Brustplatte und den vier Speerwerfern links und rechts von ihm, die ihn beschützen.«

Als ich mich umdrehte, sah ich Don Manuel, den alten Schamanen, im Gespräch mit dem Wesen, das die goldene Scheibe auf der Brust trug. Ich hatte mich im Laufe der Jahre an die unsichtbaren Bewohner von Machu Picchu gewöhnt und betrachtete sie als Freunde, die uns willkommen hießen. Doch für den Roshi war es die erste Begegnung mit ihnen. Und da konnte ich der Versuchung nicht widerstehen.

»Erscheinungen schenken wir im Schamanismus keinerlei Beachtung«, sagte ich und konnte das Lachen kaum unterdrücken. »Das sind nur Ablenkungen, denen wir auf dem Weg begegnen.«

Kapitel 2

Vom Wesen der Zeit

In der Fantasie können wir ein magisches Reich bereisen, in dem die Zeit wie ein Fluss in die Zukunft führt. Stromaufwärts liegt unsere Quelle, in der Vergangenheit. Wir können uns selbst in der Gegenwart beim Planschen am Flussufer beobachten. Der Zukunft treiben wir bei ruhigem Wasser sanft entgegen, während es in Stromschnellen eher turbulent zugehen wird. Solange wir glauben, dass die Zeit nur in eine Richtung fließt, ist die Vergangenheit Geschichte und besteht lediglich aus Fakten und Ereignissen, die ein für alle Mal passé sind. Und die Zukunft wird einfach zu einer Extrapolation der Gegenwart. Womöglich stellen wir uns die Zukunft ein bisschen besser vor, als es das Heute ist – und sprechen von Fortschritt. Dafür aber, dass es so kommt – dass die Dinge tatsächlich eine erfreuliche Wendung nehmen –, gibt es keinerlei Garantie, so sehr wir es uns auch wünschen mögen. So waren wir zum Beispiel vor gar nicht langer Zeit noch fest davon überzeugt, den Krieg gegen den Krebs bald gewinnen und den Hunger in der Welt beseitigen zu können.

Im heiligen Traum hält sich die Zeit nicht an die Regeln, die unser logisches Denken für sie aufstellt und die wir auch schon den Schulkindern einreden. Wenn du den heiligen Traum erleben möchtest, vergiss für den Moment mal alles, was du je über das Vergehen der Zeit und ihre lineare Natur, über ihren Weg aus der Vergangenheit über die Gegenwart in die Zukunft gehört hast, und schau, was die alten Kulturen über Zeit und Zeitlosigkeit wussten.

Die Zyklen der Zeit

Aufmerksam haben die Weisen der Anden jahrtausendelang die Zyklen der Präzession in den Sternen beobachtet, die allmählichen, vorhersehbaren Veränderungen am Himmel. Sie hatten ein Gefühl für Kreisläufe und waren überzeugt, dass ein jedes seine Zeit habe: dass irdische genauso wie himmlische Ereignisse immer wiederkehrenden Mustern folgten, Ausdehnung und Kontraktion, Entstehen und Zerstörung. Ende des 15. Jahrhunderts bemerkten die Astronomen der Inka Zeichen am Nachthimmel, die auf eine schwere Katastrophe hindeuteten, die ihrem Volk drohte. Die Reise, die die Laika den Flüssen der Zeit folgend unternahmen, bestätigte die Vermutungen der Sterngucker und ließ sie den unmittelbar bevorstehenden Zusammenbruch des kurz zuvor erst vereinigten Reiches vorhersagen.

Die Laika sprachen von Männern, die halb Tier, halb Mensch waren. (Zu der Zeit gab es in Amerika noch keine Pferde.) Diese Soldaten verfügten über »Stöcke, die mit Feuer sprachen«, und hatten Haare im Gesicht. Den Schwarzen Tod sollten sie bringen und andere Seuchen. Kurz nachdem diese Prophezeiung bekannt wurde, landeten 170 Spanier im heutigen Peru und machten sich auf, das mächtigste Reich auf amerikanischem Boden zu erobern. Sie schleppten Pockenviren und Erreger anderer Krankheiten ein, die der Neuen Welt fremd waren.

Insgeheim sagten die Laika noch Jahrhunderte später die Zukunft voraus und beobachteten von ihren Verstecken in den Bergen aus die Ausbreitung der westlichen Zivilisation. Ihnen fiel auf, dass das Schicksal ihres Volkes immer enger mit dem der Erde verbunden war. Ihre Sorge galt den Abholzungen am Amazonas, der Austrocknung der Lagunen im Hochgebirge und dem Sterben von Tier- und Pflanzenarten, die noch wenige Jahrzehnte zuvor in Hülle und Fülle vorhanden waren. Von ihren Schlupflöchern aus beobachteten sie die Folgen des Klimawandels für die Gletscher sowie für die Flora und Fauna des Dschungels. In der Abenddämmerung ließen bestimmte Froscharten ihr Lied vermissen. Die Kondore, einst so weit verbreitet, wurden selten. Lamas kamen entstellt auf die Welt.

In einer Prophezeiung wurde vor einigen Jahren die Möglichkeit eines Klimakollapses angesprochen, bei dem die fein aufeinander abgestimmten Wettersysteme durcheinandergeraten und es zu extremen klimatischen Ereignissen kommen könnte wie denen, die wir mittlerweile tatsächlich bereits erleben.

Aber du musst kein Laika sein, um zu begreifen, dass der Traum vom Fortschritt allmählich zu einem Albtraum wird und sich die Menschen auf der Erde wie Parasiten verhalten. Wir sind dabei, eine Art Matrizid zu begehen, indem wir unserer Mutter langsam, aber sicher den Garaus machen. Die Astrologen vermuteten den Umkehrpunkt im Anschluss an ein bedeutsames galaktisches Alignment im Dezember 2012. Hätten wir bis dahin keine entscheidenden Veränderungen an unserem Lebensstil vorgenommen, erklärten sie, würde es sehr schwer werden, den Kurs, den die Menschheit offenbar eingeschlagen habe, noch zu korrigieren. Wenig später überschritt die Erde die kritische 400-ppm-Kohlendioxid-Grenze in der Atmosphäre, die den Dominoeffekt auslöste, der die irreversible Klimaveränderung markiert (ppm steht für part per million).

Auf der Suche nach einer erfreulicheren, nachhaltigen Zukunft begaben sich die Laika in den Strom der Zeit. Wäre es ihnen gelungen, diese potenzielle Zukunft der Erde ausfindig zu machen, hätten sie sie mit ihren Gebeten verfestigen und unserer kollektiven Bestimmung einspeisen können. Doch das erwies sich als schwierig, weil das Schicksal der Menschheit besiegelt zu sein schien. Ich erinnere mich noch, dass mir ein alter Mann im Amazonasgebiet einst sagte: »Weißt du, wir werden unseren weißen Bruder vermissen.« Er ging davon aus, dass sein Volk den bevorstehenden radikalen Wandel würde überleben können, dass die der Natur entfremdeten Stadtbewohner im Westen dagegen an den von ihnen verursachten Verschmutzungen und an ihrem eigenen Müll ersticken würden.

Was das Schicksal der Menschheit angeht, dominierte bei den Laika der Pessimismus, doch waren sie überaus optimistisch, was diejenigen betraf, die bereit waren, sich an einem alternativen Lebensstil zu versuchen. Und das bedeutet: dass wir unseren heiligen Traum aufspüren müssen – und zwar einen, der eng mit der Bestimmung der Erde und all ihrer Bewohner verwoben ist.

Pacha = Raumzeit

Für die Laika ist die Zeit mit dem Raum verwoben – was stark an das als Raumzeit bekannte Konzept der Physik erinnert. Der Begriff, den die Schamanen verwenden, lautet *pacha*. Pacha ist zugleich auch die Wurzel des Wortes Pachamama (»Mutter Erde«), das unser Zuhause in Zeit und Raum benennt. Da in der Kosmologie der Anden Raum und Zeit eng miteinander verbunden sind, liegt die Vorstellung nahe, dass sich die Zeit genauso durchqueren ließe wie Land- und Ortschaften.

Solltest du dir das nicht vorstellen können, kannst du es ja mal mit der physikalischen Definition der Raumzeit versuchen. Im Kern wird Einsteins Allgemeine Relativitätstheorie oft so beschrieben: Die Materie sagt der Raumzeit, wie sie sich krümmen soll, und die gekrümmte Raumzeit sagt der Materie, wie sie sich bewegen soll.

Wie bei einem Fluss.

Ich habe den peruanischen Regenwald bereist und nicht nur am Amazonas kampiert, sondern auch am Ufer des Río Madre de Dios. Später bin ich bei den Schamanen der Hochanden in die Lehre gegangen, in Dörfern, die an plätschernden Bächen lagen, die schließlich in Nebenflüsse des Amazonas mündeten. Für die Indios ist der Fluss die perfekte Metapher für vielerlei, auch für die Zeit. Sie sprechen von geheimnisvollen Unterströmungen, die einen bis zur eigenen Empfängnis und in frühere Leben zurückführen können, gar bis an den Anfang der Zeit selbst. Die Strömung im Fluss der Zeit bewegt sich nicht ausschließlich aus der Vergangenheit in die Zukunft. Und man muss sich ihr auch nicht entgegenstemmen, wie es die Lachse tun, um sich flussaufwärts bewegen zu können. Man muss einfach nur die richtige Unterströmung finden, die einen genau so weit in die Vergangenheit zurückbringt, wie man möchte.

Zu Beginn meiner Reisen in die Anden hatte ich das Glück, bei dem bereits mehrfach erwähnten Don Manuel lernen zu können. Als ich ihm zum ersten Mal begegnete, war er Ende sechzig, und danach sind wir noch fast dreißig Jahre lang oft gemeinsam durch die Anden gewandert.

Einmal fragte ich ihn, ob das Zeit- beziehungsweise Pacha-verständnis der Inka bedeute, dass ich auch in der Vergangen-heit wiedergeboren werden könne. Denn unter der Vorausset-zung, dass es so etwas wie die Reinkarnation überhaupt gab, hatte ich eigentlich immer gedacht, dass wir jedes Mal wieder in der Zukunft auf die Welt kommen würden. Aber könnte es womöglich auch so sein, dass ich nach meinem Tod als Soldat in der Armee Alexanders des Großen vor zweitausend Jahren reinkarniert werde?

»Es ist wie im Traum«, erklärte mir Don Manuel, »da wir-beln Vergangenheit und Gegenwart ja auch oft durcheinander. Kinder werden immer in der Zukunft geboren, die Laika aber können nach Belieben in die Vergangenheit zurückkehren, um sich dort kurz oder auch ein ganzes Leben lang aufzuhal-ten. Es hängt ganz von der jeweiligen persönlichen Kraft ab.«

»Wie meinst du das?«, fragte ich den alten Mann.

»Es gibt Menschen, deren persönliche Kraft nicht einmal reicht, um ganz im gegenwärtigen Moment zu sein. Sie sind zwar da, aber auf merkwürdige Art und Weise auch abwesend. Sie leben nicht im Jetzt. Sondern hängen in der Vergangen-heit fest, sind Opfer ihrer Kindheit, ihres Leidens oder des

Umstands, dass sie nie das bekommen, was sie meinen, verdient zu haben. Dann beten sie für eine bessere, angenehmere Zukunft.

Deine persönliche Kraft ist das Ergebnis deiner Vereinigung mit Ti«, fuhr Don Manuel fort. »Ist Ti stark in dir und bist du unbelastet von der Vergangenheit, vermag dich der Tagtraum einer anderen Zukunft nicht zu blenden und die Vergangenheit kann sich dir öffnen.«

Bei Don Manuel habe ich gelernt, dass man in den Fluss der Zeit eintreten kann, um in den Strömungen und Strudeln der Vergangenheit und im stürmischen Wildwasser der Zukunft die von den Meistern versteckten Schätze zu entdecken. Dass man Reisen in die Ströme von morgen unternehmen kann, um Chancen für sich und sein Dorf auszuloten. Sobald das gelang, konnte man die Suche beenden und mithilfe der Kraft von Ti, dem Urlicht, an der Schöpfung weiterarbeiten.

Als Erstes erkundeten die Schamanen den Fluss der Zeit, um den Erfolg der Jagd sicherzustellen. Als Medizinfrau des amerikanischen Südwestens musstest du die Jäger an die Stelle führen, an der sich der Büffel am nächsten Morgen aufhalten würde. Zeigten sich am Ziel frische Büffelspuren im Schnee, warst du den Job los. Du musstest dem Fluss der Zeit vorwärtsfolgen, um herauszufinden, wohin der Büffel auf dem Weg war, und dafür sorgen zu können, dass die Jäger auch ja rechtzeitig an Ort und Stelle sein würden.

Die Geschichte der Osage-Nation ist eines meiner Lieblingsbeispiele für das Dem-Fluss-der-Zeit-voran-Folgen: Einst befand sich ein Großteil des Mittleren Westens der Vereinigten Staaten im Besitz der Osage. Präsident Thomas Jefferson versprach, alle Verträge mit der (wie er selbst sagte) »großen

Nation« einzuhalten. Doch es sollte anders kommen. Die Osage wurden zunächst nach Kansas abgedrängt, in den 1870er-Jahren schließlich vertrieben und aufgefordert, sich eine neue Heimat zu suchen. Ihre Häuptlinge und Schamanen versprachen den Osage, sie in ein Land zu führen, in dem Mutter Erde sich um sie und ihre Kinder kümmern und es ihnen gut gehen würde. Im späteren Oklahoma erwarben sie ein riesiges Stück Land. Es war karg und dürr, taugte nicht für die Landwirtschaft. Aber hatten die Schamanen ihnen nicht eine gute Zukunft zugesichert? Nun, wie sich herausstellen sollte, befand sich auf Osage-Land eines der ergiebigsten Erdölvorkommen der Vereinigten Staaten.

Und da sich die Osage die Schürfrechte gesichert hatten, erhielten alle Angehörigen des Stammes Tantiemen für das Öl, das ihrer Heimaterde entnommen wurde. Allein im Jahr 1923 erhielten die verbliebenen Osage auf diese Weise einen Betrag im Wert von dreihundertfünfzig Millionen Dollar und wurden so zu einem der reichsten Völker, die es auf der Welt gab.

Diese Schamanen hatten gelernt, sich durch die Stromschnellen im Fluss der Zeit zu navigieren, eine Zukunft im Reichtum auszukundschaften und zu erwählen. Doch bedauerlicherweise war es ausgerechnet dieser Erfolg, der die Osage dem Untergang weihte: Sie wurden von der Regierung und opportunistischen Weißen im wilden Westen Amerikas übers Ohr gehauen.

Die Laika sind nicht auf wirtschaftlichen Wohlstand aus. Und tatsächlich, die Nation der Q'ero, der Don Manuel angehörte, ist in einem der unfruchtbarsten und unwirtlichsten Gebiete der Anden ansässig. Wie die Hopi in Nordamerika haben sich auch die Q'ero für verlassene Bergspitzen entschieden, von denen aus sie die Machenschaften der Welt beobachten und auf den richtigen Moment warten konnten, um ihre Friedensprophezeiung auszusprechen. Die Laika wollen die Welt mithilfe der Kraft des Urlichts herbeiträumen – möchten Schönheit und Frieden an die Stelle von Konflikten und Zwietracht setzen.

Als leuchtende Krieger sind sie darauf bedacht, den Himmel auf Erden zu erschaffen. Sie wissen, dass ihre Aufgabe im heiligen Traum darin besteht, die Strömungen im Fluss der Zeit auszukundschaften und Schönes darin zu finden.

Wie viel Uhr haben wir, und wie lange ist noch geöffnet?

Die schamanischen Weisheiten stehen nicht in Büchern, sondern werden traditionell nur mündlich weitergegeben – bis heute. Einer Art Piktogrammschrift bedienten sich die ersten Amerikaner vor allem, um ihre Kriegszüge zu dokumentieren. So brachten die Inka weder eine Torah oder Bibel hervor wie die Juden und Christen noch einen Koran wie die Muslime. Auch ein Pendant zu den buddhistischen Sutras existiert nicht. Keine Regeln und Vorschriften wurden von ihnen je auf Steintafeln oder sonstwo festgehalten.

Keine einfache Situation also für junge Schamaninnen und Schamanen, die sich heute in der Ausbildung befinden. Denn schließlich haben Eroberer und katholische Kirche die Laika, die Hüter der Weisheit, als Ketzer verfolgt und ihre Mysterienschulen zerstört. Weit und breit gab es keinen jahrhundertealten Ratgeber, aus dem hervorging, wie man im Fluss der Zeit unter den Wellen hindurchtaucht, an die Stelle stromaufwärts gelangt, an der man gezeugt wurde, oder stromabwärts, um herauszufinden, wer man wohl in zehntausend Jahren sein könnte. Die Schüler mussten ohne jede Hilfe in den Zustand zwischen Schlaf und Wachsein eintreten und in jenen unergründlichen Gefilden, in denen sich die Zeit nicht nur in einer Richtung bewegt, nach den Schätzen suchen, die kraftvolle Meister für zukünftige Generationen versteckt hatten – Schätze, die erst gefunden werden sollten, nachdem sich der Tsunami der Eroberung längst auf ein bloßes Kräuseln in den Strudeln der Zeit reduziert hatte.

Vor dem Eintreffen der Europäer wurde die Ausbildung des Nachwuchses von den Meistern beaufsichtigt. In Machu Picchu soll es eigens eine Schule für angehende Schamaninnen, die »Jungfrauen der Sonne«, gegeben haben. Aber die spanischen Invasoren legten die Mysterienschulen in Schutt und Asche. Nun waren die Schamanen beim Entdecken der fluiden Natur der Raumzeit auf sich allein gestellt. Ab und zu konsumierten sie visionsfördernde Pflanzen, die ihnen den Eintritt in die Zeitlosigkeit erleichterten. Mit zunehmender Übung lernten sie, in die Zukunft zu reisen, um ihre Weisheit an einem Ort zu verstecken, an dem kein Eroberer sie aufspüren konnte: direkt in den Falten der Zeit. Für Zeiten, in denen sie gefahrlos würde wiederentdeckt und geteilt werden können, hatten die Laika ihre Weisheit daher *in der Zukunft* verborgen.

Ich habe das Reisen durch die Zeit von Alejandro Kahuanchi gelernt, einem Huachipaeri-Schamanen und hervorragenden Spurenleser aus dem üppigen Hochlanddschungel in der Nähe der Stadt Cusco. Sein Nachname geht auf das Quechua-Wort für »Seher« zurück. Als ich ihm begegnete, war ich Ende zwanzig.

Von Kahuanchi lernte ich, einen spirituellen Schatz zu verstecken, der erst bei meinem Tod viele Jahre später wieder auftauchen soll. Diese Medizin ist dafür gedacht, die im Angesicht des Todes auftretenden Ängste oder Verwirrungen zu kappen und mir den nötigen Mut zum Verlassen meines Körpers zu verleihen, damit ich bewusst, mit Anstand und Würde, in die Welt des Spirits werde eintreten können.

»Aber du musst aufpassen, dass du den Augenblick deines Todes nicht mitbestimmst«, schärfte mir Kahuanchi ein. »Die Einzelheiten festzulegen ist Gott vorbehalten. Auch den Zeitpunkt deines Ablebens kannst du nicht wählen. Was du aber kannst: dem Tod mit Courage begegnen, dich ihm hingeben wie einer geliebten Person und dein Bewusstsein ins Jenseits mitnehmen.«

Dem Angebot, diesen Schatz zu verstecken, konnte ich nicht widerstehen. Also hielt ich mich genau an die Anweisungen und verbrannte eine Zeitkapsel, um sie, wenn alles gut geht, in den letzten Tagen meines Lebens wiederzufinden. Irgendwann werde ich wissen, ob es funktioniert hat.

In den Tiden der Zeit können durchaus Gefahren lauern. Sie sind ja schon im Alltag nicht ohne. Aber wenn du dich auf eine schamanische Reise in die Zukunft oder auch in die Vergangenheit begibst, ist schwer zu sagen, was wahr ist und was nicht. Denn hier liegen Fantasie und Illusion eng beieinander. Was ist echt, was Schwindel oder Täuschung? In unseren nächtlichen Träumen wirken alle Situationen, in die wir geraten – ob Zugfahrt oder Gespräch mit dem längst verstorbenen Vater – absolut realistisch und genauso konkret, wie wir sie im Wachzustand erleben. Doch beim Aufwachen verlieren sich die Details sofort. Woher also wissen die Schamanen, was es mit ihren Reisen in die Raumzeit auf sich hat?

Du musst üben, auch während einer Reise bei voller Klarheit zu bleiben, keine Angst vor den Geistern der Vergangenheit zu haben, die diese Bereiche bewohnen, und dich nicht von Versprechungen der Zukunft in Versuchung bringen zu lassen. Die Kommunikation mit den gestaltlosen Wesen hat durchaus ihre Tücken – treten viele von ihnen doch als spirituelle Meister auf, obwohl sie in Wirklichkeit hungrige Geister sind. Und auf Antworten, die uns ein besonders gutes, selbstsicheres Gefühl geben, fallen wir ja nur allzu gern herein. Im Rückblick verstehe ich jetzt, was der Roshi meinte, als er diese Wesen Ablenkungen vom Weg nannte.

Zu Beginn meiner schamanischen Ausbildung fragte ich mich oft: »Ist das jetzt echt oder bilde ich es mir nur ein?« Während eines längeren Aufenthalts im Dschungel, bei dem ich mit der Ayahuasca-Liane gearbeitet habe, begann ich, mich mit den Territorien vertraut zu machen, die mir die Pflanzenmedizin zeigte. So wurde ich nicht länger von meinen Visionen hin und her geschleudert, aus dem heiligsten Himmel in die tiefste Hölle geschickt, sondern konnte sie steuern. Doch bevor es so weit war, hatte ich eine erschreckende Begegnung mit einer Amazonas-Anakonda. Während einer Zeremonie mit der Medizinpflanze befanden wir uns in einer *maloca*, einer runden strohgedeckten Pfahlhütte. Wir arbeiteten in ihrem Inneren, weil der Amazonas über die Ufer getreten war und die Umgebung überflutet hatte. Im Laufe des Abends musste ich mal …

Ich verlasse also die *maloca* und steige die paar Holzstufen hinab. Während ich mich unter dem Sternenhimmel stillvergnügt erleichtere, bemerke ich ein Kräuseln im Wasser, das auf mich zukommt. Während es näherkommt, wird mir klar, dass es sich um eine Schlange handelt, eine große Anakonda, die das Maul aufreißt, sobald sie mich erreicht hat, und mir ihren Gaumen zeigt. Panisch flüchte ich mich ins Innere der *maloca* und lege mir den Poncho über den Kopf in der Hoffnung, das Tier möge verschwinden.

Wenige Monate später halte ich einen Workshop in den Schweizer Alpen ab. Nach dem Abendprogramm bleibe ich noch einen Moment vor meiner Hütte stehen und bewundere die Sterne. Die Hütte liegt tief im Wald, und es ist ein warmer, wolkenloser Abend. Plötzlich scheint die Luft von einer

Schallwelle zerschnitten zu werden, bloß dass alles still bleibt. Und dann sehe ich die große Anakonda aus dem Wald auf mich zugleiten. Diesmal bleibe ich stehen, fühle mein Herz in der Brust pochen. Mir wird klar, dass es die Schlange auf mich abgesehen hat. Ich beobachte, wie sie das Maul öffnet, und betrachte das Gewebe ihres Gaumens. Dann höre ich in aller Deutlichkeit eine Stimme zu mir sagen: »Du weißt, dass ich dich fressen werde. Und du kannst dich entscheiden: Entweder du gehst durch mich durch und kommst hinten als Schlangenschiss wieder raus oder du wirst ich, während ich dich verdaue.«

Da ich einsehe, dass Widerstand zwecklos wäre, nicke ich dem großartigen Geschöpf zu. Und während ich spüre, dass ich verschluckt werde und es mir alle Knochen im Leib zermalmt, dringt mein Licht, nunmehr befreit von jeglicher Körperlichkeit, in alle Zellen der majestätischen Schlange ein und ich werde eins mit ihr.

In diesem Moment begriff ich vollumfänglich, was es heißt, ein leuchtender Krieger ohne Feind in dieser oder der nächsten Welt zu sein. Die Anakonda war mir nicht feindlich gesinnt, vielmehr handelte es sich um eine Prüfung, bei der mich eine Freundin von der Angst befreite, mein Leben zu verlieren.

Es dauerte eine Weile, bis ich in meinen Körper zurückgekehrt war. Dann stand ich wieder ganz normal am Waldesrand und schaute in den Sternenhimmel. Ich zwickte mich. Weit und breit war keine Anakonda zu sehen, und ich fühlte ich mich groß und weit, als würde ich ein Bad im Urlicht nehmen und wäre Teil dieser Herrlichkeit der bewussten, lebendigen Leere.

Einige Wochen später kehrte ich nach Kalifornien zurück und nahm meinen Unijob wieder auf. Nachdem ich einen Tag in Meetings und Sitzungen gehockt und die Arbeiten meiner Studenten beurteilt hatte, die sie für die Teilnahme am Abschlusskurs qualifizierten, ertappte ich mich dabei, dass ich mich fragte: »Das ist doch jetzt nicht wahr, oder?« Ich weiß noch, dass ich in den heiligen Hallen der Bildung absolut nichts Echtes fand, keine Spur davon.

Für mich gab es dort keinerlei Wahrheit mehr. Ich konnte dort nicht länger bleiben.

Und das hieß, dass ich meiner prestigeträchtigen Universität den Rücken kehren und auf den Luxus eines monatlichen Gehalts verzichten musste. Um mir diesen Arbeitsplatz und meine Position zu sichern, hatte ich so hart gearbeitet – und nun war ich eines Morgens aufgewacht und hatte realisiert, dass die von mir so ersehnte Sicherheit zu einem goldenen Käfig geworden war. Ich fühlte mich wie ein Adler, dem man die Schwingen gestutzt hatte. Wie ich da so saß auf meiner Stange, bot ich einen imposanten Anblick, fliegen aber konnte ich nicht, wie vehement ich auch mit den Flügeln schlagen mochte. Es war an der Zeit, dass der Professor starb, an der Zeit, all die Liebe, das Geld und die Identität loszulassen, die mir diese Position geboten hatte.

Ich beschloss, mich nicht länger hinter meinen akademischen Meriten zu verstecken, sondern von nun an Erwachsene zu unterrichten, die beschlossen hatten, moderne Schamanen zu werden. Nun hatte ich zu der Zeit bereits eine Familie zu ernähren und kein Einkommen, keinen Titel, keine Position mehr, aber ich wusste, wer ich war und was ich vorhatte. Ein konkretes Ziel allerdings schwebte mir nicht vor. Ich empfand eher eine vage Berufung, eine Bestimmung, die mich veranlasste, aus meinem Tagtraum aufzuwachen.

Ich war aus dem Traum von Sicherheit aufgewacht. Nun würde ich noch aus dem Traum der Beständigkeit und dem Traum von der nicht an Bedingungen geknüpften Liebe aufwachen müssen. Aber ich hatte einen ersten Vorgeschmack vom heiligen Traum und von Ti bekommen und wusste, dass danach nichts mehr sein würde wie zuvor.

Die Schatzsuchenden

Die Erkunder des Reiches zwischen Schlaf und Wachsein werden im Himalaya Tertöns genannt und zeichnen sich besonders dadurch aus, dass sie in der Lage sind, spirituelle Schätze, die vor langer Zeit verborgen wurden, zutage zu fördern. Unter dem Titel »Die Vollendung der Weisheit« soll der Weise Padmasambhava eine Reihe von Lehren für Fortgeschrittene versteckt haben, für die die Welt noch nicht reif genug war. Er verbarg diese Texte in den Tiefen des Ozeans und ließ sie von Nagas, grimmigen Seeschlangen, bewachen. Aufgefunden wurden sie sechshundert Jahre später von Nagarjuna (»Der Macht hat über die Nagas«). Die Seeschlangen, die Nagarjuna niederrang, erinnern an die Furcht einflößenden Monster, mit denen sich die Schamanen konfrontieren müssen, um die in den tiefsten Tiefen verborgenen Schätze entdecken zu können.

Nagarjunas Name gibt uns einen ersten Hinweis darauf, wie wir das am besten anstellen. Wie aber lassen sich die Dämonen und Monster, die uns so viel Angst einjagen, denn nun genau übermannen? Viele von uns waren jahrelang in Therapie oder psychologischer Beratung, um innere Konflikte zu befrieden. Wir wissen, dass die inneren Dämonen nur stärker werden, wenn wir gegen sie ankämpfen, genau wie die vielköpfige Hydra, mit der es Herkules aufnehmen wollte: Sobald er eines ihrer Häupter mit der Axt abgeschlagen hatte, wuchs ihr ein neues. Schamanen jedoch wissen, dass wir keine Äxte brauchen, denn all diese »Nagas« sind nichts als Schatten, die sich im Urlicht auflösen. In diesem Licht beobachtet der leuchtende Krieger, wie sich die Schatten allmählich verflüchtigen. Was daran liegt, dass keiner dieser Dämonen wahrhaftig ist, auch wenn sie noch so real erscheinen mögen. Es sind lediglich Widerspiegelungen unserer inneren Dämonen, die uns den Job, unsere Beziehung oder Gesundheit zur Hölle machen.

Seit Aufkommen der Psychologie sprechen wir nicht mehr von Dämonen, sondern von unbewussten Glaubensvorstellungen, die unsere Wirklichkeit prägen. Die Laika kämpfen nicht jahrelang gegen diese einschränkenden Überzeugungen an, sondern transformieren die Tagträume von der Sicherheit, der Beständigkeit und der Liebe, die nicht an Bedingungen geknüpft ist. Sie entdecken die Schätze des Urlichts.

Der in der Tiefe verborgene Schatz

Oft begnügen wir uns mit den spirituellen Schätzen, die gleich unterhalb der Oberfläche liegen und die wir während eines Wochenend-Retreats oder in der Therapie bergen. Bei solchen Gelegenheiten gewinnen wir vielleicht eine neue Erkenntnis im Hinblick auf unsere Ursprungsfamilie oder finden etwas über eine Verhaltensweise beziehungsweise Überzeugung heraus, die für uns persönlich oder unsere Beziehungen problematisch ist. Das mögen wichtige Einsichten sein, doch bald stellt sich heraus, dass diese Suche nur ein fader Abklatsch jener viel tiefer gehenden Entdeckungsreise ist, nach der wir uns eigentlich sehnen.

Wenn wir uns bis ans Lebensende mit der Analyse unserer Fehler beschäftigen, kann uns das letztlich nur schwächen. Nach einer Weile fühlen wir uns von Bekannten gelangweilt, die uns laufend mit vermeintlich erbaulichen Kalendersprüchen versorgen, welche nichts als Gemeinplätze darstellen. Dann werden wir der einzigartigen Erfolgs- oder Erleuchtungsrezepte müde, die wir entdeckt zu haben glauben. Und wir verstehen allmählich, dass es sich dabei um Tagträume handelt, die nur kurz aufflackern, um sich dann ganz schnell in weitere Albträume zu verwandeln.

In meiner Jugend war der Geist des Todes allgegenwärtig. In Kuba fand seinerzeit die Revolution statt, und auf dem Weg zur Schule war der Anblick von Pfützen frischen Blutes keine Seltenheit. Als ich später in Kalifornien das College besuchte, in meinen Zwanzigern, faszinierten mich die Reinkarnationsgeschichten aus Indien. Ich gelangte zu der Überzeugung, dass kein Weg an einem Leben nach dem Tod vorbeiführte, und teilte diese auch mit meinen graduierten Psychologiekommilitonen. Nicht einmal versuchsweise hätte ich die Idee zugelassen, dass kindliche Angst vor dem Tod die Ursache meiner Besessenheit von der Wiedergeburt sein könnte.

Während meiner ersten Ayahuasca-Sitzung auf meiner ersten Reise in den Dschungel des Amazonas hatte ich dann eine ausgesprochen lebendige Todeserfahrung. Leute, die einen

Sud aus der »Liane des Todes«, wie diese Heilpflanze auch genannt wird, zu sich nehmen, werden häufig mit ihren schlimmsten Ängsten konfrontiert. Mein Erlebnis versetzte mich in großen Schrecken. Als ich an diesem Abend in einem Tümpel neben der Schamanenhütte, in der wir arbeiteten, mein Spiegelbild betrachtete, sah ich einen riesigen Vogel, vielleicht einen Kondor, der seinen Schnabel in mein Gesicht hieb und beginnend bei den Augen das Fleisch in Fetzen herausriss. Der Schmerz war entsetzlich. Und er hörte erst auf, als der große Vogel mein gesamtes Gesicht sowie mein Gehirn gefressen hatte.

Am nächsten Tag fragte ich den Schamanen, Don Roman, was es damit auf sich hatte. »Manchmal tut die Pflanze so etwas«, antwortete er. »Dann mobilisiert sie alle Ängste, damit man sie sich ansehen und loslassen kann.«

Mein Erlebnis schien ihn nicht sonderlich zu beeindrucken. Aber schließlich war ja *sein* Hirn vergangene Nacht auch nicht gefressen worden. Aber vielleicht wäre es tatsächlich keine schlechte Idee, mich mit meinen Ängsten auseinanderzusetzen, speziell mit meiner Angst vor dem Tod, dachte ich dann doch nach einer Weile. Andererseits … wenn es sich vermeiden ließe … die Erfahrung war schließlich wirklich entsetzlich gewesen …

»Sobald der Tod aus deinem System herausgespült ist, verhilft dir die Pflanze zu schönen Visionen«, erklärte mir Don Ramon.

Am nächsten Abend hielten wir die Zeremonie ein weiteres Mal ab. Dabei bemerkte ich, dass mir der Schamane eine besonders große Tasse eingoss.

»Für gute Visionen«, meinte er.

In meiner Vision befand ich mich diesmal auf einem hübschen grünen Feld, doch dann drang mir der Geruch von verwesendem Fleisch in die Nase. Ich öffnete die Augen und bemerkte, dass sich mein Körper in Auflösung befand. Maden krochen mir aus den Armen, meine Beine wurden von Würmern gefressen und mein verrottender Bauch verströmte einen unerträglichen Gestank.

Ich versuchte, den Schamanen zu rufen, doch meine Lippen hatten sich bereits zersetzt, mein Mund konnte mir keinen Dienst mehr leisten.

Auch als ich schließlich einschlief, hatte ich die Ausdünstung verdorbenen Fleisches noch in der Nase. Am nächsten Morgen wachte ich auf einer Matte in der Maloca auf und empfand es als große Erleichterung, dass mein Körper wieder normal war.

»Du bist im Albtraum des Todes gefangen«, sagte Don Ramon später zu mir. »Diesen Tod, der in dir lebt, müssen wir austreiben.«

Am nächsten Abend bedurfte es seiner ganzen Überzeugungskraft, um mich dazu zu bringen, dass ich den widerlichen Trank ein weiteres Mal zu mir nahm. Ich fürchtete mich sehr, war aber zugleich fest entschlossen, meiner Angst ins Auge zu schauen. Der Schamane begann, zu chanten und zu pfeifen, dann hörte ich, wie er meinen Tod anrief und ihn bat, sich mir zu zeigen. Wenig später tauchte eine dunkle Gestalt mit einem dunklen Hut auf und setzte sich neben mich. Sie schien Pfeife zu rauchen.

»Ich bin dein Vater«, sagte die Gestalt. »Ihr alle seid Kinder des Todes.«

Als die Gestalt dann ihren Hut abnahm, zeigte sich kein Gesicht, sondern ein Licht so hell wie der Sonnenschein. Und nachdem alles um mich herum zu Licht geworden war, begriff ich, dass Tod im Leben und Leben im Tod ist und dass auch der Tod dem Urlicht angehört.

An jenem Abend begann ich, mich mit dem Tod anzufreunden. Ich musste nicht mehr in dem Albtraum leben, von ihm verfolgt zu werden. Von da an stellte der Tod eine Mahnung für mich dar, bis in alle Unendlichkeit furchtlos zu leben. Dies war jedoch erst der Anfang. Ich musste den Traum des Todes noch transformieren. Was voraussetzte, dass ich intensiv in mich ging, und zwar im gewöhnlichen Wachzustand. Leute, die Gott (oder auch den Tod) nur sehen können, wenn sie eine exotische Pflanzenmedizin intus haben, sind mir immer etwas suspekt.

Nachdem du aus dem düsteren Albtraum der Beständigkeit aufgewacht bist, kannst du den Tod als deinen Gefährten erleben. Ich lade dich ein, dir alles, was dich zu »killen« droht – Finanzen, Gesundheit, Job –, genau anzuschauen und in jedem dieser Probleme die Aufforderung zur Entdeckung eines Dämons zu sehen, mit dem du dich anfreunden kannst. Lass dir vom Tod dabei helfen, die unendliche Großzügigkeit in Anspruch zu nehmen, die in der Natur des Urlichts liegt.

Träumen wir eine neue Welt herbei – wie die alten Träumer

Lange vor dem Eintreffen der Konquistadoren standen in den Anden die Weisen beziehungsweise Laika hoch in Ehren. Doch die spanischen Soldaten und die katholische Inquisition hetzten die normalen Leute gegen ihre Weisen auf, ganz ähnlich wie sie es auch in Europa mit den weisen Frauen taten, die als Hexen verschrien und auf dem Scheiterhaufen verbrannt wurden. Bald konnten die Indios kaum mehr zwischen echten Weisen und Zauberern unterscheiden, Hexern, die die Leute austricksten und übers Ohr hauten. Nicht besser erging es den Laika unter dem Regime der spanischen Priester. Zwar kamen die Hebammen (die den Mestizenkindern der Konquistadoren mit indigenen Frauen auf die Welt halfen) und Kräuterkundigen (weil sie für den weißen Mann im Krankheitsfall unverzichtbar waren) relativ unbeschadet davon, doch die Weisen wurden unnachgiebig von den Europäern verfolgt – stand deren Religion doch in allzu krassem Gegensatz zur eigenen. Denn den Laika zufolge waren die Indios nie aus dem Garten Eden vertrieben worden und sprachen immer noch mit Gott, mit den Flüssen und Bäumen.

Kurz nach der Eroberung Anfang des 16. Jahrhunderts wurde die große Mehrheit der Laika aus den Städten vertrieben und musste im Hochland Zuflucht suchen.

Die Laika waren Astronomen, Architekten, Ärzte und Seher, die die Zeichen deuten konnten. Sie glaubten, dass jede große Schöpfung der physischen Welt zunächst erträumt wird, dass am Anfang quasi ein Bauplan in der unsichtbaren Welt steht. Sie träumten sich eine Stadt in den Wolken herbei, und ihre Architekten errichteten Machu Picchu. Sie träumten davon, die trockenen Wüsten in fruchtbare Felder zu verwandeln, und ihre Ingenieure bauten Aquädukte, um dieses Ziel zu erreichen. Ihre Träume förderten den Frieden und die Pflanzenheilkunde. Dies alles geschah in den alten aufstrebenden Zivilisationen wie etwa dem chilenischen Monte Verde – und zwar vor etwa sechzehntausend Jahren, also noch

bevor die frühesten Bewohner Amerikas hätten über die Be-
ringstraße aus dem östlichen Sibirien eintreffen können.*

Später erträumten sie Caral, eine Großstadt in der peruanischen Wüste, die vor fünftausend Jahren in voller Blüte stand.
Schon bevor die großen Pyramiden von Gizeh erbaut wurden,
war Caral für damalige Verhältnisse eine aufstrebende Metro-
pole mit mehr als zwanzigtausend Einwohnern. Nie wurden
dort Spuren von Kämpfen, Waffen, Befestigungsbauten oder
Mauern gefunden, die Feinde abhalten sollten, ebenso wenig
wie Überreste verstümmelter Leichen oder andere Hinweise
auf Kriegshandlungen. Die Zivilisation, die die Laika auf den
Plan gerufen hatten, war den Freuden gewidmet, der Kunst,
der Weisheit, dem Handel und der Verehrung des Göttlichen.
Die Bewohner Carals waren Dichterinnen und Musiker. Sie
lebten den Traum von friedfertigen, gewinnbringenden Beziehungen zu ihren Nachbarn.

Die folgende Geschichte illustriert, dass jeder von uns eine
wichtige Rolle beim Erschaffen eines Traumes spielen kann:
Im mittelalterlichen Paris trifft ein Reisender an der Baustelle
der Kathedrale Notre-Dame ein. Er hält inne und fragt einen
der Arbeiter, was sie denn da täten. Der antwortet, er behaue
einen Stein. Der andere dagegen, der genau dieselbe Tätigkeit
verrichtet, sagt: »Ich erbaue eine Kathedrale.«

Sobald du deinen heiligen Traum gefunden hast und der
Kraft des Urlichts teilhaftig wirst, fühlst du dich geradezu ver-
pflichtet, es freigebig mit anderen zu teilen. Denn nur in dem

---

*   Kambiz Kamrani, »Earliest Known Archaeological Evidence of Ameri-
    cans Found in Monte Verde, Chile.« Anthropology.net, May 8, 2008,
    https://anthropology.net/2008/05/08/earliest-known-archaeological-
    evidence-of-americans-found-in-monte-verde-chile/.

Maße, in dem du es auch anderen zukommen lässt, kann das Urlicht in dir wachsen. Diesen Prozess bezeichne ich als das große »Herschenken« und komme gegen Ende des Buches noch einmal ausführlich darauf zurück.

Heilige Träume bringen große Kulturen hervor. Der Traum wird großzügig weitergegeben. Damit er Früchte tragen kann, muss jeder seinen Teil beitragen. Von späteren Generationen scheinen die Schätze, die diese Träume bergen, fast zwangsläufig wieder verspielt zu werden.

Heilige Träumer gibt es heute nur noch wenige. Vor lauter Angst, man könne ihnen ihr Feuer entwenden, klammern sich die Leute an das bisschen Licht, das ihnen geblieben ist. Viele unserer heutigen Lehrer geben ihre Geheimnisse höchst ungern weiter. Die Praxis des Herschenkens ist kaum noch verbreitet.

Ganz anders verhält es sich mit den Bewohnern der Andendörfer, deren ganzer Alltag davon durchdrungen ist. *Ayni*, den Quechua-Begriff, der früher dafür verwendet wurde, übersetzen Wissenschaftler grob mit dem Wort »Gegenseitigkeit«: »heute für dich, morgen für mich«. Es handelt sich dabei aber um weit mehr als eine geschäftliche Transaktion. Letztlich bedeutet *ayni*, die Großherzigkeit des grenzenlosen Urlichts zu teilen, das keine Gegenleistung erwartet. Im praktischen Umgang der Menschen miteinander stellt es sich als gegenseitige Hilfe dar, doch in einem höheren Sinn handelt es sich darum, dass jemand etwas gibt, ohne dafür mit einem Äquivalent zu rechnen.

Das Herschenken macht den Schamanen zu einem begnadeten Heiler. Das, was er an Medizin verabreicht und von sich selbst investiert, hängt nicht davon ab, was er für seine

Dienste gezahlt bekommt. Nein, er gibt alles, setzt seine ganze Kraft ein und jedwede Arznei. Und fragt der Patient im Anschluss an die Heilbehandlung, wie viel er denn schuldig sei, lautet die Antwort des Laika unweigerlich: »Was immer du geben kannst.« Das ist das schamanische Verständnis des Herschenkens, das keine Gegenleistung erwartet und alles Angebotene in Würde annimmt.

Ich möchte dir jetzt etwas erzählen, was ich von Don Manuel weiß. Es steht so auch schon in meinem Buch *Island of the Sun*, das ich mit Erik Jendresen zusammen geschrieben habe:

»Anfänglich praktizieren wir *ayni* aus einem primitiven Aberglauben heraus – um den ›Göttern zu gefallen‹ –, später wird es dann – als Teil einer Zeremonie – zur Gewohnheit. Diese Formen von *ayni* werden aus Angst oder der Konventionen wegen praktiziert und nicht aus Liebe. Irgendwann aber wird *hier* – er legte seine Hand auf die Brust – ein echtes Bedürfnis daraus. Es heißt, nur dann sei *ayni* perfekt; ich aber glaube, dass *ayni* immer perfekt ist, dass unsere Welt immer eine echte Widerspiegelung unserer Absichten, unserer Liebe und unserer Handlungen darstellt.«

Summa summarum

Viele sind in Tagträumen gefangen, die sich zu einem echten Albtraum ausgewachsen haben. Beim Aufwachen daraus besteht der erste Schritt in der Aufkündigung des mit uns selbst geschlossenen »Wenn, dann«-Vertrages.

Drei Albträume verfolgen die Menschen seit Jahrtausenden. Um unseren heiligen Traum und die Macht des Urlichts entdecken zu können, müssen wir sie transformieren:

1. Der Albtraum der Unsicherheit – wie können wir in einer gefährlichen Welt unsere Unversehrtheit bewahren?
2. Der Albtraum des Todes – warum muss alles und nicht zuletzt auch das Leben selbst ein Ende haben?
3. Der Albtraum einer Liebe, die nicht an Bedingungen geknüpft ist – wie finde ich die eine *geliebte* Person?

Sobald wir den Albtraum von einer trügerischen Sicherheit transformieren, lernen wir wahre Sicherheit und wahre Ruhe kennen. Sobald wir den Albtraum vom Tod transformieren, entdecken wir die Endlosigkeit. Sobald wir den Albtraum einer bedingungslosen Liebe transformieren, verlieren wir die Angst.

Die Übungen in diesem Buch werden dir keine größere Wohnung, keinen besseren Job verschaffen und auch keine Partnerschaft mit einer klügeren, hübscheren oder attraktiveren Person. Es geht hier nicht darum, dass du reich und berühmt wirst, sondern darum, dass du dir eine heilige Bestimmung ins Leben träumst.

Es geht darum, in diesen düsteren Zeiten zu einem leuchtenden Krieger zu werden.

So schlicht und so einfach diese Weisheit auch sein mag, ist sie doch seit Hunderten von Jahren verborgen. Nun aber ist es an der Zeit, sie zu offenbaren. Wann, wenn nicht jetzt? Wo, wenn nicht hier?

Kapitel 3

Alte Träumer und geheimnisvolle Zivilisationen

Der Legende zufolge wurde Inkarrí, der erste Inka, im Titicacasee auf dem höchsten Punkt der Erde geboren. Seine Bestimmung lag darin, das größte Reich Amerikas zu erschaffen, das es je gab. Die Laika zeichneten die Geschichte von Inkarrí und seiner Partnerin Collari aber nicht etwa auf, nachdem die beiden die Nation der Inka gegründet hatten, sondern *vorher*. Ihre Propheten und Seher riefen die Bestimmung ihres Volkes aus der Zukunft herbei.

Mit dem Schöpfungsmythos der Inka habe ich mich lange schwergetan. Wer war Inkarrí überhaupt? Mensch? Gott? Und hatten ihn die Laika tatsächlich aus der Zukunft heraufbeschworen? Don Manuel war bereit, mir das alles zu erklären, und zwar so:

Mensch und Mythos

Wie mir Don Manuel sagte, kam der erste Inka zu Beginn der Zeit selbst auf der Insel der Sonne im Titicacasee zur Welt. Wir saßen am Rand der Inkaanlage Moray, eines gigantischen archäologischen Fundstücks im Heiligen Tal Perus. Im Gegensatz zu den meisten Tempelanlagen, die ja in die Höhe ragen, wurde diese in einer natürlichen Senke im Tal in die Tiefe gebaut, errichtet in drei natürlichen Dolinen. Die sieben oder acht Terrassen bestanden aus Erde, die von weither herbeigetragen worden war. Bei der Anlage handelte es sich im Grunde um ein gewaltiges landwirtschaftliches Labor, in dem die Inka ihren Mais züchteten und verschiedene Arten kreuzten, die den unterschiedlichen Ökosystemen ihres Reiches gerecht wurden. Die Inkas kannten mehr als 400 schwarze, blaue, gelbe, weiße, rote und sonstige Maisvarianten, die sich durch unterschiedliche Eigenschaften auszeichneten und zu verschiedenen Zeiten reif wurden. Moray war praktisch ein Tempel, in dem Magie und Wissenschaft aufeinandertrafen.

»Der erste Vater«, fuhr Don Manuel fort, »hieß Inkarrí und besaß übernatürliche Kräfte. Mit der Hand konnte er den Lauf von Flüssen verändern und mit den Füßen Hügel abflachen. Sein Atem war so stark und furchterregend wie die Winde, die über den Titicacasee auf dem Dach der Welt fegten.«

Inkarrí, obgleich selbst Mensch aus Fleisch und Blut, hatte einen himmlischen Vater: die Sonne. Und seine Mutter war der kosmische Schoß, die dunkle Leere des Raumes, in dem die Sterne geboren werden. Bereits kurz nach seiner Geburt begab sich Inkarrí auf die Suche nach einem fruchtbaren Tal, das sich als Gründungsstätte einer neuen Zivilisation eignete.

Von der Sonne hatte er einen goldenen Stab mitbekommen, mit dem er das Erdreich prüfte. Nur am »Nabel der Erde« sollte er tief in urbaren Boden, an der künftigen Gründungsstätte der Stadt Cusco, einsinken.

Beim ersten Wurf landete der Stab im Hochland der Anden, doch war dort die Erde zu hart und nie sehr ertragreich. Allerdings bezauberte die Landschaft mit solcher Schönheit, dass Inkarrí das Volk der Q'ero dort ansiedelte und ihm die Aufgabe zuwies, die Weisheiten und Initiationsriten zu beschützen. Deshalb hielten die Q'ero nicht nur die Erinnerung an die Schöpfungsgeschichte wach, sondern bewahrten auch die Prophezeiung vor dem Vergessen, der zufolge Inkarrí eines Tages zurückkehren und ein zweites, auf Weisheit statt militärischer Überlegenheit beruhendes Reich gründen würde.

Während ich Don Manuel lauschte, fiel mir auf, wie sehr die Geschichte, die er erzählte, doch derjenigen der Hopi-Indianer im Südwesten Amerikas ähnelte: Ihnen hatte der Große Geist angetragen, ihre Dörfer auf den unfruchtbaren Mesas zu gründen, die sie noch heute als ihr Zuhause bezeichnen. Auch in dieser wüstenähnlichen Landschaft wächst kaum etwas, und wie die Inka sind auch die Hopi Hüter der alten Weisheiten und einer Prophezeiung. Hüter, die die Weisheit an Orten verstecken, die so abgelegen sind, dass niemand auf die Idee käme, dort nach ihnen zu suchen. Wenn das mal nicht nach einer universellen Wahrheit klingt.

Als Inkarrí seinen Stab zum zweiten Mal warf, landete er im fruchtbaren Heiligen Tal von Cusco (*qosco* bedeutet »Nabel«), und Inkarrí beschloss, daselbst das Reich der Kinder des Lichts zu gründen. Und da er sich nach einer Partnerin sehnte, begab er sich zum Titicacasee zurück, um nach Collari, der ersten Mutter, zu suchen und mit ihr gemeinsam das Königreich der Inka zu begründen.

»Dieses Ungemach haben wir von unserem Vater Inkarrí geerbt«, klagte Don Manuel. »Männer müssen sich auf steinigen Pfaden durchs Gebirge kämpfen, um die Frau zu finden, mit der sie das Glück erleben können. Allein finden sie ihren Lebenszweck nie, und sie hassen es, allein zu sein. Frauen dagegen müssen ihr wahres Wesen ohne fremde Hilfe entdecken. Warten sie nämlich auf einen Mann, der sie erkennt, finden sie sich nur in dessen Spiegelbild und werden niemals glücklich. Frauen sind auch ohne Mann vollständig, ein Mann ohne Frau aber ist nur eine halbe Person.«

Wie Don Manuel zu diesen brillanten Erkenntnissen über Männer und Frauen hatte kommen können, war mir ein Rätsel. Auf mich trafen sie voll zu, denn mein ganzes Leben lang hatte ich immer nach der richtigen Partnerin gesucht, die mich auf der nächsten Etappe meiner Reise begleitete, und viele meiner männlichen Freunde waren ohne Frau total aufgeschmissen. Aber irgendwie hatte ich das Gefühl, dass Don Manuel eigentlich von etwas anderem sprach.

Vielleicht, überlegte ich, von seinen Erfahrungen bei der Suche nach einer Mutter für seine Kinder. Ich erinnerte mich, dass sich die knapp sechshundert Angehörigen der Q'ero-Nation auf sechs Dörfer verteilten. Um die Eheschließung mit einer Verwandten zu vermeiden, mussten die jungen Männer ihren Wohnort verlassen und sich zwecks Brautschau auf eine lange Reise begeben. Voller Stolz auf diese logische Erklärung für Inkarrís beschwerliche Suche nach einer Partnerin weihte ich den alten Mann in meine Theorie ein.

Sie schien Don Manuel zu amüsieren.

»Wir sind doch alle miteinander verwandt«, erklärte er. »Sogar du und ich. Wir sind Pachamamas Kinder und alle mehr oder weniger weit entfernte Cousins und Cousinen voneinander. Der Mann muss die richtige Frau finden, damit sie Inkarrí zur Welt bringen kann. Die Wahl aber trifft die Frau. Denn ihr Instinkt ist viel höher entwickelt als der unsrige, weil das Urteilsvermögen der Männer immer von Begierde getrübt wird. Jede Frau geht davon aus, dass durch sie ein göttliches Wesen geboren wird, und für unser Volk ist jedes Kind ein Wunder, ein Geschenk des Himmels.

Wir warten darauf«, fuhr Don Manuel fort, »dass Inkarrí wiederkommt, um sein Werk zu vollenden und ein neues Reich des Lichts zu errichten. Nicht etwa ein militärisches wie das letzte. Nein, das neue Reich wird auf Großzügigkeit beruhen, auf *ayni* und statt auf Gier auf dem Geben. Dies wollte auch unser erster Vater bereits, hat es aber leider nicht geschafft.«

Das Tal von Cusco

Inkarrí und Collari waren die ersten Eltern der Inka-Nation. Als sie im fruchtbaren Heiligen Tal eintrafen, war es bereits dicht besiedelt. Inkarrí versprach den Häuptlingen, ihnen kein Land wegzunehmen; der Mais würde auf den Bergen angebaut werden. Und so begannen die Inka, die Hügel zu terrassieren. Um die einzelnen Stufen mit Wasser zu versorgen, legten sie Bewässerungskanäle an und präparierten Erden, damit sie die Feuchtigkeit optimal aufnahmen und die Pflanzen von der Wurzel her damit versorgten.

Wie die Inka den felsigen Abhängen sanfte Terrassen abtrotzten, die kargen Berge in fruchtbares Land verwandelten und inmitten der Wolken Städte wie Machu Picchu errichteten, beeindruckt mich auch heute noch.

Bei meiner ersten Begegnung mit Don Manuel war ich zutiefst berührt, als er Inkarrís Experiment für gescheitert erklärte. Wie ich wusste, hatte die Nation der Inka in ihren Anfängen ausgesprochen integrativ gewirkt. Sie nahmen Rücksicht auf die verschiedenen Krieg führenden Nachbarn, respektierten deren Bräuche und würdigten ihre örtlichen Gottheiten. Doch später, nach dem Tod des großen Pachakuti, des überragenden Architekten Machu Picchus, wurden die Inka immer kriegerischer und zunehmend auf Eroberung orientiert – auf die Errichtung eines Reiches größer als die späteren Vereinigten Staaten.

Nicht zuletzt aufgrund ihrer militärischen Macht wurden die Inka zu unangefochtenen Herrschern über ein gewaltiges, wohlhabendes Königreich – bis zum Eintreffen der Konquistadoren. Spanische Gewehre, Pferde, Soldaten und Stahlklingen dezimierten das größte Reich, das auf amerikanischem Boden je existiert hat, innerhalb nur weniger Jahre aufs Extremste.

Ich hatte viel über die spanische Eroberung Mittel- und Südamerikas gelesen; die Sichtweise der Q'ero aber kannte ich nicht. Denn Geschichte schreiben nie die Besiegten, sondern immer nur die Gewinner. Deshalb waren Don Manuels Auffassungen ganz neu für mich und gingen mir tief unter die Haut.

Das Experiment des Menschengottes war gescheitert. Gier und militärische Übermacht hatten das Grundprinzip der

Großzügigkeit in den Hintergrund gedrängt. Inkarrí allerdings würde zurückkehren, eine zweite Chance sich eröffnen.

Und die Q'ero, die Beschützer der Weisheit und Hüter der Prophezeiung, sollten darin eine nicht geringe Rolle spielen.

Ich fragte Don Manuel: »Demnach besteht der Daseinszweck deines Volkes also in der Bereitstellung von Zuchtmaterial für die Geburt Inkarrís?«

»Nein«, gab er zurück. »Inkarrí könnte überall geboren werden. Er könnte sogar eine amerikanische Mutter haben. Oder dein Sohn sein. Wir halten lediglich die Weisheit der Großzügigkeit hoch – die vom *ayni*, dem Herschenken. Das wird den Aufstieg des neuen Reichs der Kinder des Lichts ermöglichen und ein goldenes Millennium des Weltfriedens einleiten.«

Das hörte ich offen gestanden gar nicht gern, denn es kam mir viel zu messianisch vor, erinnerte mich allzu sehr an die christliche Lehre meiner Kindheit, die die Wiederkehr Christi propagierte, ein himmlisches Königreich auf Erden und die Verbannung der dunklen Mächte durch Legionen von Engeln mit Flammenschwertern.

Dabei war mir durchaus klar, dass Don Manuel der christlichen Lehre nie ausgesetzt war und nie eine Kirche von innen gesehen hatte.

»Vielleicht ist er sogar schon da, *Viracocha*«, sagte Don Manuel unter Verwendung des Titels, mit dem die Konquistadoren von den Indios verlangten, angesprochen zu werden. Viracocha. Gott.

Mich allerdings wollte der alte Mann mit diesem Ausdruck ein bisschen aufziehen.

»Denk mal: Du könntest eines Morgens aufwachen und feststellen, dass du über Nacht Inkarrí geworden bist. Wir erwarten nämlich nicht die Geburt eines Kindes, sondern einen Menschen, der einem Gott ähnlich wird. Was voraussetzt, dass er *ayni* perfekt praktiziert, dass das Universum sein Lieben, sein Handeln und seine Absichten perfekt widerspiegelt. Dass er das Herschenken praktiziert, an nichts hängt, nicht einmal an seinem Namen, seiner vermeintlichen Identität oder an seinen Besitztümern.

»Du zum Beispiel«, fuhr er fort, »hast alles, was sich ein Mensch nur wünschen kann: Schuhe, ein Haus, sogar ein Auto und Geld. Du hast einen Doktortitel und genießt dafür den Respekt deiner Mitmenschen.«

Er sah auf meine schicken Wanderstiefel herab und betrachtete dann seine eigenen nackten Füße, die in primitiven Sandalen steckten, die er sommers wie winters trug, bei Hitze und in bitterer Kälte.

»Ich dagegen«, sagte er weiter, »besitze nichts, habe aber die schneebedeckten Anden und fruchtbare Täler. Da gehöre ich hin, und ich glaube, in gewisser Weise gehören sie mir auch. Aber ich besitze sie nicht. Und genau an dieser Stelle scheiterte Inkarrís Experiment. Die Inka wollten Volk und Land besitzen und mehr noch: sogar deren Geschichten und Götter.«

»Was für ein Experiment war das eigentlich«, fragte ich, »das im Reich der Inka fehlgeschlagen ist?«

»Das *k'anchaypa-wawankuna*-Experiment. Die Kinder des Lichts. Angefangen haben die Inka gut, musst du wissen. Dann aber haben sie sich von der Macht verführen lassen. Sie stellten das Geben ein und verlegten sich aufs Nehmen. Sie eigneten sich Ländereien an, rekrutierten junge Männer zwangsweise für die Armeen der Inka und nahmen junge Mädchen aus ihren Familien heraus, um sie als Dienerinnen in die Tempel zu stecken.

Sie nannten sich zwar Kinder der Sonne«, erklärte Don Manuel weiter, »vergaßen aber ganz, dass Licht pures Geben ist. Und nicht auf Gegenleistungen ausgerichtet ist. Die Sonne wärmt Reiche und Arme gleichermaßen. Um sich für unsere Pflanzen als Quelle des Lebens zu erweisen, geht sie zuverlässig jeden Morgen auf. Sobald wir ein Holzscheit ins Feuer legen, setzen wir das im Stamm und in den Ästen des betreffenden Baumes gespeicherte Sonnenlicht frei. Die Bäume nehmen Jahr für Jahr ein wenig mehr Licht auf und werden dabei immer stärker. Mit uns Menschen aber verhält es sich anders. Bei unserer Geburt stecken wir voll himmlischen Lichts. Doch je älter wir werden, desto mehr schwindet es, bis wir schließlich ganz faltig sind, graue Haare und nur noch ganz, ganz wenig Licht haben. Um zu guter Letzt auszugehen wie eine heruntergebrannte Kerze.«

Anschließend erklärte mir Don Manuel den Unterschied zwischen Schamanen und anderen Menschen: »Ich bin Schamane, und der einzige Unterschied zu sogenannten gewöhnlichen Männern und Frauen besteht darin, dass mein Licht von Tag zu Tag stärker wird. Stirbt ein Schamane, wird sein Licht freigesetzt, wie es auch bei dem Holzscheit im Feuer der Fall ist, und er kehrt zu seinem Vater, der Sonne, zurück. Eines Tages dann kommen wir alle, ob Schamanen oder nicht, zurück und haben die Chance, die Dinge wiedergutzumachen.«

»Aber wie soll denn das gehen?«, fragte ich Don Manuel.

»So, wie du es auch schon einmal getan hast«, erklärte er mir und nahm eine Handvoll Erde auf. »Denn einst warst du Teil dieses Landes, du liebtest die Berge und diesen Boden, und deshalb kommst du auch immer wieder. Momentan als Weißer, als weißer Viracocha.«

Er grinste, als er ein weiteres Mal die alte andine Gottheit erwähnte.

»Höchstwahrscheinlich hast du als Kleinbauer auf der *hacienda* gearbeitet, die dir heute gehört. Vergiss nicht: Bis vor gar nicht allzu langer Zeit war auch unser Volk Eigentum des weißen Landbesitzers. Als Junge musste ich einmal im Monat hier herunterkommen, um auf seinen Feldern zu arbeiten. Aber glaube ja nicht, dass du uns heute noch besitzen kannst. Herr von Q'ero kannst du nicht mehr werden.«

Was Don Manuel da sagte, haute mich um, denn gerade hatte ich die alte Hacienda Yabar erworben, die derzeit nur noch zwölf Hektar Land umfasste. Einst aber war das Anwesen bedeutend größer gewesen; es gehörte der mächtigen Familie Yabar, die das gesamte Gebiet der Q'ero-Nation besaß und an die die Indianer vertraglich gebunden waren. Allmonatlich kamen sie von ihren Bergen herab, um die Bäume des verrückten Botanikers auf dem *Manicomio Azul* zu beschneiden, dem blauen Irrenhaus, wie die Einheimischen das Gelände wegen der vielen exotischen Blütenpflanzen nannten, die er importiert hatte.

Ich war unabsichtlich Besitzer einer ehemaligen Sklavenplantage geworden! Und jetzt verstand ich auch, warum mich die Indios der Hacienda an meinem ersten Tag in die Kapelle geschleppt und mich auf den Altar gesetzt hatten, während sie christliche Lieder anstimmten und sich im Kreis um mich herumknieten. Um mich zu ihnen setzen und gemeinsam mit ihnen die zeremoniellen Kokablätter kauen zu können, musste ich mir tatsächlich erst einen Weg vom Altar herab freikämpfen.

Da in Peru zu der Zeit eine beträchtliche politische Instabilität herrschte, hatte ich die Hacienda sehr günstig erwerben können. Mein Freund Americo, ein Nachkomme des ursprünglichen »Herrn von Q'ero« (*señor de Q'ero*), hatte mich überzeugt, sie zu kaufen und daraus eine Begegnungsstätte für Schamanen zu machen.

Das muss Karma sein, dachte ich. Doch woher wusste der alte Mann davon?

Die früheren Gebieter über die Hacienda hatten großen Schaden angerichtet. Traditionell trugen die Q'ero, um sich als Laika auszuweisen, das Haar lang, und die Besitzer des Landes hatten es ihnen gestutzt. Sie waren zur Religion der Besatzer »bekehrt« und gezwungen worden, ihren eigenen Göttern abzuschwören.

Als ich Don Manuel fragte, was ich tun müsse, um dieses Unrecht wiedergutzumachen, antwortete er auf Quechua:

»Llapanta saqesun k'anchaypa makinpi jayk'aqpas saqewasunchu.« (»Überlassen wir alles dem Licht. Es täuscht sich nie!«)

Der wilde Mann aus dem Dschungel

Zum ersten Mal schien der Inkarrí-Mythos in den Q'ero-Dörfern auf. Der Legende zufolge verließen Inkarrí und Collari Cusco nach der Gründung des Inka-Reiches wieder und kehrten an den Amazonas zurück. Doch auf dem Weg statteten der erste Vater und die erste Mutter den Q'ero-Dörfchen einen

Besuch ab und versprachen zurückzukommen, sobald die Zeit reif war. Die Q'ero hatten sich im Hochland oberhalb des Dschungels niedergelassen. Doch verließen sie ihre Dörfer regelmäßig und stiegen auf einer Siebzig-Kilometer-Wanderung ins üppige Amazonasgebiet hinab, um sich mit Koka und anderen Nahrungsmitteln einzudecken.

Im Mythos verließen die ersten Eltern die kunstvoll aus Stein errichteten Gebäude in der Stadt Cusco zugunsten des wilden, unberührten Regenwaldes. Da er nicht gestorben war, kehrte Inkarrí nicht zur Sonne zurück. Stattdessen begab er sich in den grünen Dschungel und wartete dort, bis die Zeit reif war, in die Welt der Menschen zurückzukehren.

An dieses Versprechen erinnerten die Q'ero, indem sie ein Bild vom »wilden Mann aus dem Dschungel« in ihre Textilien stickten. Man spricht auch vom *chuncho*, dem »ersten Wesen«, das, aus dem Garten des Amazonas kommend, die Welt bevölkerte. Dass der Chuncho sowohl die Urahnen als auch das Versprechen der Wiederkehr Inkarrís repräsentiert, empfinden wir womöglich als Widerspruch. Doch nicht so die Bewohner der Anden, deren Verständnis der Zeit weniger linear ist als das unsrige. In der Welt der Anden kann sie sich drehen wie ein Rad; und die Vergangenheit kommt zurück, in anderer Form, aber deutlich erkennbar. Inkarrí kehrt wieder, wenn nicht als Neugeborenes, dann vielleicht erwachsen wie du und ich.

Der Chuncho ist eine v-förmige Figur, aus der vier Strahlen herausragen, die die vier Ecken der Welt symbolisieren. Er ist ein Kennzeichen des Königreichs der Inka, und abgesehen von den Q'ero verwendet kein anderes Andenvolk dieses Motiv für seine Textilien. Das Muster weist nicht nur auf die royale

Abstammung des Volkes der Inka hin, sondern dient auch der Erinnerung aller Andenvölker an die Rückkehr ihres Gründungsvaters.

Inkarrís Wiederkehr erklärt auch den Glauben, dass wir wiederholt reinkarnieren und dabei mal mit schwarzer Hautfarbe, mal braun geboren werden, als indigene Amerikaner, als Europäer oder Afrikaner. Aber nur die Schamanen, die das Territorium jenseits des Todes kartiert hatten, die Landschaft und mögliche Fallstricke in den Gefilden zwischen den Welten, konnten an einem Ort ihrer Wahl wiedergeboren werden. Nur sie konnten im Land der Q'ero wiedergeboren werden, einem unwirtlichen Ort, an dem nur wenig wuchs, und in einer Höhe, die normalen Menschen buchstäblich den Atem raubt. Hier, im Adlerhorst, konnten sie ungestört von all jenen leben, die die Bequemlichkeit eines Taubenschlags oder der Stadt vorzogen.

Und als sie zurückkamen, hatten sie eine Mission: Inkarrís Wiederkehr einzuleiten.

Kapitel 4

Ein Traum – eine Legende

Einen heiligen Traum kann man als Geschichte betrachten, die dem Leben einen Sinn und eine Richtung gibt. Diese Geschichte ist wie eine Landkarte mit Wegen, die dich auf eine epische Reise an ein lohnendes Ziel führen. Sollte dir die Karte einen Pfad durch staubtrockene Wüsten zeigen, kannst du dir ein besseres Narrativ einfallen lassen, in dem du etwa durch ein schattiges Wäldchen oder einen Obstgarten schlenderst.

Auf dem Weg durch die Wüste beeilen wir uns, noch zusätzlich angetrieben von der Hitze des Sandes unter unseren Füßen. Im Wald oder Garten dagegen verlieren wir leicht das Ziel aus den Augen. Natürlich verfügt jede Richtung, die wir im Leben einschlagen, sowohl über Plus- als auch über Minuspunkte. Aber wir wollen die Geschichte wählen können, die für uns richtig ist, und nicht immer den ausgetretenen Pfaden folgen, die Schicksal, Gesellschaft oder Kaste für uns vorsehen.

Ich liebe die Passage in *Alice im Wunderland*, in der die Grinsekatze zu Alice sinngemäß sagt: »Wenn du nicht weißt, wo du hinwillst, ist es doch im Grunde auch egal, welchen

Weg zu einschlägst.« Tja, so kann es kommen, wenn man keine eigene Geschichte hat – dann endet man in derselben öden Langeweile wie alle anderen auch.

Ein heiliger Traum dagegen ist immer größer als man selbst, und seinem Ziel haftet etwas Mysteriöses an. Sieh also zu, dass du dir einen wirklich großartigen Traum aussuchst, denn deine Geschichte wird dich unweigerlich an das damit verbundene Ziel bringen.

Wenn ich mit Klienten arbeite, bitte ich sie immer, ein Märchen zu schreiben, das mit den Worten »Es war einmal« anfängt und in dem ein Prinz oder eine Prinzessin, ein Krieger oder eine Kriegerin und ein Drachen vorkommen. Wie der Psychiater und Psychologe C. G. Jung sagte, drückt sich in Träumen und Märchen das Unbewusste aus. Diese Geschichte nun öffnet mir ein Fenster in die unbewussten Landkarten meines Klienten und die Herausforderungen, denen er auf den Wegen begegnet, die seine Geschichte für ihn vorsieht. Allerdings taugt nicht jede als Leitfaden. Etwa weil die Geschichte von vornherein zu klein und ihr Horizont zu eng oder weil die dazugehörige Landkarte zu unscharf ist, sodass die Orientierung schwerfällt. Dann weiß ich, dass die Geschichte keinem heiligen Traum angehört und aller Wahrscheinlichkeit nach bald zu einem Albtraum wird – wie in der folgenden Story:

Ich begegnete Roger, als er Anfang sechzig und noch nicht lange von seiner langjährigen Ehefrau geschieden war. Der erfolgreiche Ingenieur und Unternehmer suchte nach einem neuen Abenteuer. Von mir nun erwartete er sich Rat, einen Kompass und eine Landkarte, die ihm die kreative Erkundung des nächsten Kapitels in seinem Leben ermöglichten sollten.

Roger schrieb:

»Es war einmal ein junger Prinz, der das Land bereiste, bis
er zu einer Burg mit einem sehr hohen Turm kam. Ganz
oben bemerkte er eine bildschöne Prinzessin, die nur einmal täglich auf den Balkon des Turms treten durfte, in dem
sie gefangen gehalten wurde. Auf der Stelle verliebte sich
die Prinzessin in den Prinzen, und er beschloss, sie zu ret-
ten. Doch die Burg wurde von einem wilden Drachen be-
wacht, der unten am Turm angekettet war. Der Prinz rief
seinen treuen Diener und trug ihm auf, sich zur Burg zu
begeben und zu schauen, ob es sich nicht vielleicht doch
um einen gutmütigen Drachen handelte. Der Diener sollte
sowohl die Kette abmessen, an der das Wesen angebunden
war, als auch die Entfernung zum nächsten hohen Baum.
Bei seiner Rückkehr meldete der Diener, der Drache sei in
der Tat überaus wild und die Kette dreißig Schritte lang.

Der Prinz befahl dem Diener, ein Seil von entsprechen-
der Länge zu besorgen und es über den Baumstamm zu
werfen, nachdem er eines seiner Enden mit einer Schlinge
versehen hatte. Dann holte er sich bei seinem Vater eine
Tüte voller Schmuck und kehrte zum Schloss zurück. Er
ließ die Tüte mit den funkelnden Juwelen vor der Schnauze
des Drachens baumeln, und jeder weiß ja, wie neugierig
Drachen sind. Das Biest fiel auf den Trick herein, und als es
sich dem Geglitzer näherte, geriet sein Kopf in die Schlinge. Da ihm nun der Drache nicht mehr im Weg war, for-
derte der Prinz die Prinzessin auf, vom Balkon zu springen. Als er sie auffing, überraschte ihn, wie leicht sie war,
leicht wie eine Feder. Er half ihr aufs Pferd und ritt mit ihr

zum Schloss, in dem sein Vater wohnte. Dieser war über-
glücklich, seine zukünftige Schwiegertochter kennenzulernen und organisierte eine luxuriöse Hochzeitsfeier für die
beiden. Künftig wohnten alle zusammen – glücklich bis an
ihr Lebensende.«

Schon während mir Roger seine Geschichte vorlas, fielen mir
die Plus- und Minuspunkte auf, die in ihr zum Ausdruck kamen.

Es schien sich um eine Liebesgeschichte zu handeln – doch
gab es darin gar keine Liebe. Der Prinz kümmerte sich nämlich mehr um die Einzelheiten seines Vorhabens, den Drachen
in die Falle zu locken und die Prinzessin zu befreien, als darum, sie kennenzulernen. Kein besonders vielversprechender
Ansatz für eine neue Beziehung! Und obwohl absolut nichts
dagegenspricht, dass sich ein junger Mann der Zustimmung
des Vaters zu seiner Partnerwahl versichert, sollte er in reife-
rem Alter doch eher darauf achten, dass er selbst den Rest seines Lebens mit der Betreffenden verbringen will. Auch wenn
seine Wahl nicht bei allen auf Beifall stößt.

Außerdem ist es natürlich gut, wenn der Schmuck, den
man zu verschenken hat, bei der Liebsten landet und man
nicht sein ganzes Vermögen darauf verwenden muss, sie aus
dem Knast rauszuhauen. Ich erklärte Roger, dass er seiner
Zukünftigen, die den größten Teil ihres bisherigen Lebens
hinter Gittern verbracht hatte, alles Mögliche würde beibrin-
gen müssen. Ob er wirklich meinte, mit einer Frau glücklich
werden zu können, die ihre ganze Jugend über eingesperrt
war und vermutlich nur über sehr geringe Sozialkompetenz
verfügte?

Woher der Prinz überhaupt wisse, dass die Prinzessin den Turm verlassen wolle, fragte ich Roger. Und selbst wenn sie die Freiheit suchte: Woher nahm er die Gewissheit, dass sie bei aller Dankbarkeit, die sie bestimmt empfinden würde, auch Lust haben würde, für immer mit ihm zusammenzuleben? Denn wie sich herausgestellt hat, verfügen Prinzessinnen durchaus über einen eigenen Kopf – ein Charakterzug, der im traditionellen Märchen allerdings gern übersehen wird.

Was in Rogers Geschichte beschrieben wurde, war ein direkter Weg ins Desaster. Dieser Traum von der Liebe würde ein sehr kurzlebiger sein, sich schnell in einen Albtraum verwandeln und Roger völlig orientierungslos zurücklassen.

Die Welt, wie du sie träumst

Die Lehre, der zufolge aus dem Urlicht von Ti durch die Kraft des Träumens die materielle Welt entsteht, ist praktisch verlorengegangen, selbst in den Anden, wo viele junge Indios enger mit ihrem Smartphone verbunden sind als mit den Traditionen der Ahnen. Manche Dorfbewohner jedoch praktizieren noch das traditionelle Herschenken – eine Praxis des Träumens, in Form kunstvoll zusammengestellter Opfergaben aus Samen und Körnern von ihren Feldern, dekoriert mit Blumen, Süßigkeiten und farbigen Schnüren. Mit diesen schönen Mandalas zeigen sie ihre Dankbarkeit für die Freigebigkeit der Erde, bitten um Hilfe für Nachbarn oder um gesunden Nachwuchs im Viehbestand. Stundenlang bleiben die Dorfbewohner in ihre Gebete versunken; sie pusten sie sanft in ein *kintu* aus drei Kokablättern, rufen die Spirits der Berge und die der

Ahnen an und legen ihre Opfergaben auf ein großes Stück Papier. In das so entstehende Bündel, *Despacho* genannt, werden alle Elemente des Alltagslebens gegeben: Sämlinge, Symbole für Musikinstrumente, Küchenwerkzeug und sogar für Wolken und Regenbogen kommen hinein – und zwar in genau der richtigen Anordnung. Ganz so, als würde die Welt wieder neu ausgerichtet und Ordnung ins Chaos gebracht. Später wird das Bündel dem Feuer überantwortet. Sobald die Flammen daran züngeln, kommen die Spirits der Berge und der Erde zusammen und nehmen die Gebete der Dorfbewohner zu sich.

Alles, was für diese Männer und Frauen hoch in den schneebedeckten Bergen einen Wert darstellt, findet sich symbolisch im Despacho wieder. Viele Indios, die in den Städten oder Ebenen leben, mögen es als eine Form des Bittens um Beistand oder Glück betrachten, für die Q'ero dagegen ist und bleibt es ein Opfer, eine Gabe all dessen, was sie für schön und wertvoll erachten. Dafür sind nur die besten Sämereien gut genug, und die Gebete drücken nichts aus als Dankbarkeit. An keinem Punkt dieser Zeremonie erbittet irgendjemand etwas für sich selbst.

In den vielen Jahren, die ich bei den Schamanen der Anden gelebt und von ihnen gelernt habe, konnte ich das Arrangieren von mehreren Hundert Despachos beobachten. Anfänglich dachte ich noch, es handele sich um ein kindliches Spiel, das allen Freude machte, und verstand beim besten Willen nicht, warum sich zwei Gemeindeälteste darüber streiten konnten, wo eine Blüte, ein Kokablatt oder ein Häufchen Quinoa genau hingehörten. Später dann begriff ich, dass es eine Form des Träumens mit offenen Augen darstellte: Diese

Menschen waren dabei, ihre Welt in Ordnung zu bringen; sie beseitigten das Chaos, verschönerten ihre Dörfer, ihr Leben. Der Anthropologe in mir sah darin einen magischen Akt, und alle Magie ist per se symbolischer Natur, sei es das Q'ero-Despacho oder die katholische Messe, bei der Wein und Oblate zu Blut und Leib Christi werden. In meiner Kindheit hatte ich genügend Gottesdienste besucht, um ein Gefühl für jenen mysteriösen Moment gewinnen zu können, in dem ein gewöhnliches Weizenprodukt und normaler Wein in ein heiliges Sakrament verwandelt wurden. Bei der Elevation hielt der Priester die Hostie hoch über seinen Kopf, und das Licht Christi drang in alle ein, die sich in der Eucharistie versammelt hatten.

Nachdem ich jahrelang Gelegenheit hatte, Q'ero-Zeremonien beizuwohnen, entwickelte ich auch einen feinen Sinn für das Mysterium des Moments, in dem die Opfergaben die Schöpfungsgeschichte nachvollzogen, als Inkarrí und Collari Ordnung im Chaos stifteten. Denn so fing alles an: Das Chaos wurde zum Kosmos. Und vor meinen Augen geschah dies nun ein weiteres Mal. Ohne Priester, weil jeder dieses Amt innehatte und alle Mitwirkende waren: Keine einzige Flöte, kein Kokablatt oder noch so kleines Häufchen Zucker durfte irgendwo anders hingelegt werden, solange nicht alle mit der Ordnung der Welt einverstanden waren, die in diesem Moment ins Leben geträumt wurde.

Später, wenn die Flammen das Despacho verzehren, wenn sich Pachamama und die heiligen Berge an den Gebeten der Dorfbewohner gütlich tun, offenbart sich der Traum. Das habe ich oft beobachtet, wenn wir alle gemeinsam mit dem Rücken zum Feuer standen und die Spirits der Berge und den

Pachamamas anriefen. Da bekam jeder das Gefühl, dass sich die Welt genau so darstellte, wie sie sein musste, und dass alles seine Ordnung hatte. Die Hände hatten wir untereinander und mit dem Göttlichen verschränkt, um etwas sehr Schönes in unser Leben zu holen.

Eine Bittzeremonie, die oft mit festgeschriebenen Ritualen beziehungsweise Opfergaben einhergeht, unterscheidet sich erheblich vom Herbeiträumen der Welt, bei dem wir an der Seite des Göttlichen kreativ werden. Wenn du um Hilfe bittest, wendest du dich an eine höhere Macht und ersuchst sie um Intervention. Praktizierst du dagegen den heiligen Traum, liegt deine Hand in schöpferischer Absicht in der des Spirits.

Um ein Despacho herzustellen, kannst du aus Samen und Blumen ein schönes Mandala gestalten, ganz gewöhnliche Steine hübsch auf dem Boden arrangieren oder auch einfach nur die Augen schließen und die Naturkräfte bitten, dir die Wirklichkeit auf neue, originelle Art und Weise zu präsentieren. Du erflehst nichts, bittest um nichts, sondern erweist Dankbarkeit. Mit allem, was du herschenkst, verschenkst du auch dein Herz und deine Liebe. Und auf dem Nachhauseweg bietest du dann jedem, der sie braucht, deine Hilfe an. Wenn jemand hungrig ist, gibst du ihm zu essen. Wenn jemand einen Rat braucht, erteilst du ihn. Je häufiger du dich im Herschenken übst, desto mehr Lebenskraft, Schönheit und Fülle pulsieren in dir, bis du schließlich zu einem wahren Strom von Anmut und Heilung wirst und das Urlicht durch dich hindurchscheint wie die Sonne selbst.

Ich weiß, dass es vielen schwerfällt, sich vorzustellen, wie dieses Herschenken aussehen kann und wie es sich anfühlt. Sie fragen sich: Wie macht man es wohl? Sollte ich für meine

Opfergabe vielleicht die Körner und Früchte aus meiner Speisekammer verwenden und sie im Kamin verbrennen? Für viele von uns, die keinen eigenen Garten haben und sich ihre Lebensmittel nicht selbst anbauen, haben Sämereien und Blumen jeglichen symbolischen Wert verloren. Deshalb müssen wir aufpassen, dass wir nicht einfach eine traditionelle Form aus den Anden imitieren und das Grundlegende daran vernachlässigen, das darin besteht, die Welt herbeizuträumen. Ein anderes Verständnis des Herschenkens besteht darin, nichts von deiner Liebe, deiner Lebensweisheit, deiner Vergebung und deinen Segnungen zurückzuhalten: Allem, was du zu verlieren fürchtest, sagst du Lebewohl. Und bringst dich voll ein.

Die Praxis des Herschenkens verbindet dich wieder mit dem Urlicht und seiner unendlichen Großzügigkeit. Dies ermöglicht es dir, eine neue Geschichte für dein Leben zu schreiben, die sich durch Authentizität und Originalität auszeichnet. Dann tanzt du nicht länger wie ein Korken auf den Wellen, wirst von den Anforderungen bezüglich deiner Kultur, Hautfarbe, Genetik oder deines Geschlechts nicht mehr in eine Richtung dirigiert, die du dir selbst nie ausgesucht hättest. An traditionelle Formen wie die des Despachos der Anden oder die Mandalas, die man aus dem Himalaja kennt, brauchst du dich nicht zu halten. Das Wichtigste ist, dass du einen Rahmen findest, mit dem du dich identifizieren und den du praktizieren kannst. Ganz ohne Form handelt es sich lediglich um eine geistige Übung.

Versuch doch mal das Folgende: Leg das Buch aus der Hand, geh in die Küche und hol dir eine Tüte Salz. Ihren Inhalt schüttest du auf einen Teller und klopfst ein paar Mal auf den Rand, bis aus dem Salzhäufchen eine ebene Fläche geworden ist. An deren äußerem Rand zeichnest du dann mit einem Zahnstocher einen Kreis. Jetzt erschaffst du dein eigenes Despacho. Leg ein paar Blütenblätter auf das Salzbett, lass dich zu Motiven inspirieren und zeichne sie mit dem Zahnstocher hinein. Begleite jedes Bild mit einem Gebet der Dankbarkeit. Sei für alles Gute in deinem Leben dankbar. Bedanke dich für alle Herausforderungen und Prüfungen, mit denen du dich eventuell zurzeit konfrontiert siehst. Bitte darum, dass sich dir die Lektionen und Geschenke, die darin verborgen sind, offenbaren mögen. Nach Abschluss der Übung kannst du das Salz und die Blütenblätter in die Badewanne geben und ein schönes warmes Wannenbad in deinen Gebeten genießen.

Du kannst diese Übung auch in der Natur durchführen, indem du den Kreis auf den Boden zeichnest, dein Despacho mit Blättern und Steinen dekorierst und nach der Meditation alles wieder verwischst und entfernst. Auf so eine Weise geben wir unseren Gebeten eine Form und aktivieren die verspielte, künstlerisch kreative Seite in uns, die uns charakterisierte, als wir noch Kinder waren.

Anders reagiert unser logisches, rationales Denkvermögen, dem wir so viel Zeit widmen, auf die Idee des Herschenkens. Es wird eher geneigt sein, einen Scheck für wohltätige Zwecke auszustellen oder einem Freund, dem es schlecht geht, einen anteilnehmenden Brief zu schreiben. Um aber einem heiligen Traum Gestalt zu verleihen, musst du etwas mit deinen Händen erschaffen – ein Mandala, ein Gedicht oder vielleicht auch etwas zu essen.

Schamanen legen ein Stück Gold- und ein Stück Silberfolie ins Zentrum ihres Despachos und sprechen vom goldenen und vom silbernen Buch. Der Überlieferung nach wurden wir alle mit diesen beiden Büchern geboren, eines in jeder Hand. Das eine ist bereits vollgeschrieben und erzählt das Schicksal, das Ursprungsfamilie und gesellschaftliche Schicht, in die man hineingeboren wurde, für einen vorsehen: Waren deine Eltern zum Beispiel herzkrank und insgesamt nicht gut bei Gesundheit, ist es dir beschieden, zu leben und zu sterben wie sie. Kamst du in einer armen Familie zur Welt, wirst auch du in Armut leben und sterben.

Das andere Buch ist noch leer und wartet nur darauf, dass du deine ureigene Geschichte hineinschreibst. Zugegeben, völlig ignorieren können wir den bereits beschriebenen Band nicht; keinesfalls aber sollten wir unser ganzes Leben damit verbringen, an den Wunden unserer Kindheit oder an chronischer Anfälligkeit für bestimmte Krankheiten herumzudoktern. Stattdessen können wir einen Stift zur Hand nehmen und nicht die ererbte, sondern unsere wahre Geschichte aufschreiben: voller Gesundheit, Sinnhaftigkeit, Lebenslust und Freude.

Schreib zunächst in dein leeres Buch, und fang an, deinen heiligen Traum zu träumen. Dazu fühlte ich mich aufgerufen – wie wir alle es sind. Es nur zu wollen genügt nicht, denn solange du noch in einem Albtraum von Unsicherheit, Todesangst oder fehlender Liebe lebst, kannst du deine neue Geschichte nicht schreiben. Doch sobald du mit dem neuen Buch deines Lebens anfängst, verschaffst du dir Zugang zu einer Welt der Fülle. Anderenfalls würdest du einfach wieder dieselbe alte Geschichte aufschreiben, die von fehlender Liebe handelt, von zu wenig Zeit, einer angeschlagenen Gesundheit oder mangelndem Mut.

Verborgene Schätze

Als das Inkareich vor etwa fünfhundert Jahren seine höchste Blüte erreicht hatte, nahmen die Astronomen eine Konstellation am Himmel wahr, die auf die Ankunft von Männern hindeutete, welche das Gold des Reiches begehrten und das Volk ausrotten wollten. Das Imperium der Inka, seinerzeit das mächtigste auf amerikanischem Boden, hatte in der Vergangenheit zunehmend kämpferischen Charakter angenommen. Nachbarn, die seit Jahrhunderten friedlich zusammengelebt hatten, begannen, sich gegenseitig ihre Ländereien zu neiden. Und was zu Inkarrís Zeiten undenkbar gewesen wäre: Die Inka verfügten sogar über ein stehendes Heer gut ausgebildeter, jederzeit kampfbereiter Soldaten.

Diese Soldaten hatten Offiziere, welche Kommandeure hatten, denen Generäle vorstanden, die einem König berichteten. Die Gesellschaft differenzierte sich und wurde hierarchisch. Die neuen Helden waren Männer, die die Kunst des Tötens beherrschten. Die Laika, jene Kundschafter der sichtbaren und unsichtbaren Welt, wurden zu Bürgern zweiter Klasse. Die Armeen beraubten die abgelegenen Dörfer ihrer Ressourcen, und das Volk wurde bis zum Geht-nicht-mehr besteuert. Damit sie nicht die Nerven verloren und den Aufstand probten, mussten die Inkalegionen ständig in irgendwelche militärischen Aktionen verwickelt werden. Und einige Laika hatten begonnen, ihr Wissen zu missbrauchen, um es auf Kosten anderer zu Macht und Wohlstand zu bringen.

Als der kollektive Traum der Inka allmählich zu einem Albtraum voller Gewalt und Besitznahme wurde, beschlossen die Laika, ihren ererbten Wissensschatz zu verstecken, so auch ihre Kenntnisse in puncto Urlicht. Und am besten ließ sich Derartiges vor aller Augen verbergen – in der Zukunft. Die Schlüssel, mit denen sich die Geheimnisse der Zeit entsichern ließen, lagen in den Quipus – »sprechenden Knoten« in gefärbten Schnüren aus gesponnener Lamawolle. Bei diesen Quipus handelte es sich um Ringe aus feinen Wollfäden, von denen viele Stränge herabhingen; für Buchhalter stellten die Knoten Zahlen dar; Laika erzählten damit Geschichten. Mithilfe dieser mnemonischen Merkhilfen knüpften sie Schatzkarten, die nur »entschlüsseln« konnte, wer in die Kunst des Knotenlesens eingeweiht war.

Die Laika verließen ihre Heimstätten im fruchtbaren Tal von Cusco und flüchteten in die eisbedeckten Berggipfel in mehr als viertausendachthundert Metern Höhe. Sie verschwanden von den städtischen Plätzen, und das alljährliche *Inti Raymi*, das Fest zu Ehren der Sonne, wurde in der Folge von Inkapriestern geleitet. Sie tauschten ihre rot-schwarzen Ponchos mit den Mustern des Königshauses gegen einfache Null-acht-fünfzehn-Kleidung ohne jegliche Herkunfts- oder Statusmerkmale. Bei ihren Abstechern zu den Märkten in den tiefer gelegenen Regionen verrieten sie niemandem, in welchen Dörfern sie nun lebten. Von ihren hohen heiligen Berggipfeln aus beobachteten sie, wie die Welt, die herbeizuträumen sie geholfen hatten, von den Konquistadoren verwüstet wurde.

Was ist wahr, was wirklich?

Als die Laika in die Berge von Q'ero flüchteten, war der heilige Traum vergessen, Inkarrís Experiment gescheitert. Die normalen Leute hielten ihre alltäglichen Tagträume allmählich für real, auch wenn sie nicht wahr waren.

Die Laika wissen, dass der Tagtraum real erscheint, aber nicht der Wahrheit entspricht, und dass nur der heilige Traum wahr ist, obgleich er total irreal wirkt.

Das Vakuum, das die Laika hinterließen, wurde von den Hexern gefüllt, die die Bevölkerung davon überzeugten, dass der Tagtraum, den sie lebte, nicht nur real, sondern tatsächlich auch wahr war. Indem sie etwa behaupteten, dass nur durch einen machtvollen Zauber der Familie geholfen, Kranke geheilt oder die Lebenssituation verbessert werden könne, dienten sie sich den Gutgläubigen an. Und da der Mensch von Natur aus abergläubisch ist, gelangten die Leute allmählich zu der Überzeugung, sie selbst könnten nie Urheber ihres Schicksals werden, sondern benötigten den Beistand von Hexern, die ihnen zu einem besseren Traum verhalfen.

Von dem Moment an, in dem wir meinen, nicht Autor unseres Lebens zu sein, geraten wir in die Fänge des Tagtraums. Dann sind wir nicht länger Regisseur des Stückes, das da aufgeführt wird, sondern nur noch Darsteller. Und unser Traum verliert seine Heiligkeit. Er wird klein und privat. Bezieht keine anderen Menschen mehr mit ein, nicht die Natur und nicht einmal mehr die Sterne über unseren Köpfen. Er dreht sich nur noch um uns selbst. Ich, ich, ich – um nichts anderes geht es mehr.

Sobald wir in einem Tagtraum gefangen sind, ist die Wirklichkeit keine veränderliche Geschichte mehr, die dadurch lebendig bleibt, dass sie am Lagerfeuer erzählt wird. Aus den Geschichten wird Geschichte – Historie –, und Träume werden allmählich zu Albträumen, weil sie nicht mehr weitererzählt und dabei erneuert werden. Was bleibt, sind die Hexer, die Bedürftigen ihre Amulette und Beschwörungen andrehen.

Was blieb, als sich die Laika ins Hochgebirge begaben, waren die Heiler, Kräuterkundigen und Knochenrichter. Aber keine Träumer, kein Einziger. Die Mysterienschulen, in denen die tief greifenden Weisheiten des Urlichts gelehrt worden waren, verschwanden. Es hielten sich nur die einfachsten Formeln – in den Händen von Schamanen, die weiterhin die Alltagspflichten der Krankenpflege und der Begleitung von Sterbenden auf dem Weg in die Welt des Geistes verrichteten, sowie von Hebammen, die Indio- und spanischen Kindern gleichermaßen auf die Welt halfen. Niemand war mehr in der Lage, die magischen Quipus zu lesen. Die farbigen Fäden verstummten. Sie erzählten nicht länger von der noch jungen Zeit, den ersten Pflanzen und den Tieren.

Und Hunderte von Jahren vergingen.

Don Manuel und das Ayni

Die Laika wussten genau, dass heilige Träume und die Fähigkeit des Herbeiträumens einer neuen Welt irgendwann wieder benötigt werden würden – sobald sich die Bedingungen verbessert hätten.

Deshalb hielten sie Ausschau nach ersten Anzeichen der Morgenröte eines neuen Traumes für ihr Volk und die Welt. Im Jahr 1950 war es so weit: Am 21. Mai wurde die Stadt

Cusco von einem gewaltigen Erdbeben getroffen, das auch das Kloster der Dominikaner zerstörte – der Vollstrecker der spanischen Inquisition und Drahtzieher hinter der bestialischen Verfolgung der Laika. In den Trümmern dieses Klosters kam nun die Coricancha, der heiligste Schrein der Inka, zum Vorschein. Diese versahen ihre Gebäude nämlich mit vorgekragten Stützwänden, wodurch sie erdbebensicher wurden. Die Dominikaner dagegen hatten ihr Kloster gebaut, wie sie es in Barcelona getan hätten: mit senkrechten Wänden, die einem Beben wie dem, das die Stadt 1950 traf, nicht standhielten.

Zweihundert Jahre lang hatten Archäologen nach diesem Schrein gesucht, und da war er nun: im Inneren der dominikanischen Kirche. Die Laika sahen darin die allfällige Korrektur der Welt. Der heiligste Inkatempel, der seit fünfhundert Jahren verschollen war: wiederauferstanden aus der Asche einer Kathedrale der Inquisitoren.

Zur Feier des Auftakts einer zurechtgerückten Welt stiegen die Laika von ihren Adlerhorsten herab. Jetzt konnten das Geheimnis des Urlichts und die Kunst des Herbeiträumens der Welt freigesetzt werden – ähnlich wie Vögel, die ihren Käfig verlassen dürfen.

Im Juni 1950 erschien ihre Lineage auf dem heiligen Berg Ausangate. Während des alljährlichen Quyllur Rit'i-Festes (»Schneesternfest«) versammelten sich Zehntausende, um zu beten und das erste Licht der Plejaden zu empfangen, das als heiliges Licht von Ti betrachtet wird. Die Laika begaben sich sechstausendfünfhundert Meter hinauf zum Gletscher auf dem Gipfel und schlugen Eisstücke ab, um das erste Licht dieser Sterne einzufangen, das sie beim Aufsteigen über dem Äquator im Juni aussenden. Da dieses Licht einer weit entfernten Sonne entstammt, die die Laika als ihr ursprüngliches Zuhause empfinden, kommt es dem Urlicht so nahe wie nichts sonst. Der Legende nach teilten sich die Massen, als die Laika in ihren Ponchos mit dem Wappen des Inkareichs erschienen, und der älteste Schamane begrüßte sie mit den Worten: »Willkommen, Brüder und Schwestern. Seit fünfhundert Jahren warten wir auf euch.«

Die letzten Laika

Als ich Don Manuel kennenlernte, fehlten ihm schon die meisten seiner Vorderzähne. Zu der Zeit war er sechzig Jahre alt, sofern ihn seine Erinnerung nicht täuschte.

Kurz nach unserem ersten Treffen erbot ich mich, ihm einen Zahnersatz zu finanzieren. Dass ihm, um die Dritten verankern zu können, die verbliebenen Vorderzähne gezogen werden mussten, machte ihn sehr wütend. Das Ganze wurde zudem zu einer ziemlich schmerzhaften Prozedur, denn die andinen Zahnärzte waren nicht gerade die geschicktesten.

Wenig später lud mich Don Manuel auf eine Expedition zum Ausangate ein, in Begleitung einer kleinen Gruppe von Studenten. Wir sollten an einem Ritus teilnehmen dürfen, bei dem es darum ging, einen heiligen Traum für die Zukunft und die erhabensten Chancen der vor uns liegenden Zeit heraufzubeschwören. Die Laika wissen, dass das Schicksal der Menschen untrennbar mit dem der Erde verknüpft ist und dass wir alle Teil eines leuchtenden Netzes sind, dem die gesamte Schöpfung angehört. Sinn des Unternehmens sei die Erschaffung einer nachhaltigen Zukunft für den Planeten Erde, sagte der alte Mann.

Während die meisten von uns nur darauf aus seien, ihr eigenes Los zu verbessern, fügte Don Manuel hinzu, fühlten sich die Laika berufen, das Wohlbefinden aller Geschöpfe sowie der Erde selbst herbeizuträumen. Wir sollten in die Zukunft reisen – in die Zeit nach dem großen Umbruch, den die Menschheit durchmachte. Und unsere Erkenntnisse würden nicht nur unser eigenes Leben zum Positiven verändern, sondern auch die Geschicke der Menschheit.

Ich nahm die Einladung mit Freuden an. Da es die Indios strikt ablehnten, sich dem westlichen Traum vom Fortschritt anzuschließen, wusste ich, dass sie dringend einen neuen brauchten. Den Kindern der Konquistadoren geht es gut, aber die meisten andinen Völker leben auch heute noch in Armut und haben kaum Hoffnung darauf, den Teufelskreis ihres materiellen Elends zu durchbrechen. Doch auch uns Westlern, die wir den Tagtraum der egoistischen Ausbeutung unseres Planeten auf die Spitze getrieben haben, würde ein neuer Traum gut zu Gesicht stehen.

Schamanen können Seelenrückholungen durchführen, das heißt in die Vergangenheit eines Menschen reisen, um das Trauma aufzuspüren, das ihn von seinem Weg abgebracht hat. Die Vergangenheit bietet drei Raumkoordinaten und eine zeitliche Dimension, an der sich solche Reisen orientieren können. Und da sich die Vergangenheit dem kollektiven Gedächtnis eingeprägt hat, lässt sie sich leicht bereisen, wie die Schamanen wissen.

Reisen in die Zukunft dagegen setzen großes Können voraus, schließlich gibt es Tausende verschiedener Versionen der Zukunft, aber nur eine einzige zeitliche Dimension, an der man sich entlanghangeln kann. Wenn du eine der vielen möglichen Schicksalslinien bereist, bist du kein bloßer Tourist mehr, sondern verleihst ihr Energie, verstärkst sie und hilfst, sie durchzusetzen. Im allumfassenden Netz zahlloser Möglichkeiten eine wünschenswerte Zukunft für einen bestimmten Menschen zu ermitteln ist eine Kunst. Schamanen können ihren Patienten dabei helfen, sich für eine gesunde Zukunft zu entscheiden oder aber auch das Schicksal eines ganzen Dorfes durcheinanderbringen, indem sie die Wege eines seiner Mitglieder beeinflussen.

Mit unserer Reise verband Don Manuel den Wunsch, dass wir die Zukunft aller Völker, aller Nationen zum Positiven wandelten. Ich hatte zwar keinen blassen Schimmer, wie wir das anstellen sollten, verstand aber irgendwie, dass meine Gruppe und ich auch Teil einer alten Prophezeiung waren. Angesichts der Möglichkeiten wurde mir beinahe schwindlig, denn sie waren buchstäblich grenzenlos.

Ich hatte ja keine Ahnung, dass die Vögel, die der alte Laika aus dem Käfig ließ, meine Gruppe und ich sein würden. Wir sollten etwas ganz Neues herbeiträumen: für uns selbst, für unsere Lieben und den »weißen Mann«.

Als wir auf über viertausendsiebenhundert Metern Höhe in unserem Camp an der Blauen Lagune auf dem Ausangate ankamen, dankte ich Don Manuel für die Einladung, an seiner Zeremonie teilnehmen zu dürfen. Schließlich hatte er uns so viel Vertrauen entgegengebracht, dass er uns die Gelegenheit zum Kennenlernen der sechzig Schamanen gab, die zu diesem Anlass zusammengekommen waren. Das stellte ein großes Privileg dar. Lächelnd erklärte er mir, dass er uns keineswegs unserer enormen Spiritualität wegen hatte kommen lassen. Vielmehr brauchte er die Konquistadoren als Repräsentanten des weißen Mannes, um der Zeremonie einen wahrhaft universellen Charakter zu verleihen.

Eieiei! Ich traute meinen Ohren nicht – hatte ich der Gruppe doch erklärt, wir hätten die Einladung allein dem Umstand zu verdanken, dass wir so eifrige, höchst engagierte Schüler des Schamanismus waren.

Aber es sollte noch dicker kommen.

Don Manuel deutete auf eine nahe gelegene Gletscherlagune, höchstens drei Meter tief, sodass man bis auf ihren Grund sehen konnte.

»Einer der Anführer muss immer in das Eiswasser springen und den Gletscher küssen«, sagte er mit Blick auf mich.

»Ich bin nur Anthropologe«, stellte ich richtig. Es war schon spät am Nachmittag, wir befanden uns ganz nah an der Schneefallgrenze, und ich spürte bereits die abendliche Kälte über uns hereinbrechen.

Die anderen Indios stimmten Don Manuel nickend zu und richteten den Blick auf den Boden, um mir nicht beim Ausziehen der Hose zuschauen zu müssen. Ich hatte am ganzen Körper Gänsehaut, als ich zu einem Felsen am Wasser hinüberging. Drei tiefe Atemzüge – und ich sprang hinein. Der Kontakt mit dem Wasser verschlug mir den Atem. Mir brannte die Haut, mein Herz raste, und ich wurde vom Schwung des Kopfsprungs auf den Grund katapultiert. Ich küsste den Gletscher und begann, wieder aufzutauchen. Mein Kopf durchbrach die Wasseroberfläche, tief atmete ich die kühle Luft ein und paddelte wie ein Hund ans Ufer. Ein Dutzend Arme half mir aus der Lagune, andere trockneten mich ab. Alle lächelten und sprachen aufgeregt durcheinander. Auf mich wirkte es so, als hätte ich irgendeine Prüfung bestanden.

Am Abend fragte ich Don Manuel, wie er es seinerzeit empfunden hatte, als er in das Wasser hatte springen müssen.

»Niemand geht je in die Lagune des Jaguarweibchens. Das Wasser darin ist viel zu kalt«, entgegnete er.

Woraufhin ich wohl sehr verwirrt geschaut haben muss.

Mit einem makellosen Lächeln fügte er hinzu: »Das war für meine Zähne.«

Am nächsten Tag bereiteten wir uns auf die Zukunftszeremonie vor. Don Manuel und die anderen legten die Bestandteile eines Despachos für Pachamama bereit. Einige hatten Samen mitgebracht, andere Blumen, Schokolade, farbiges Garn und Wattebäusche, die in dem Mandala, das sie vorbereiteten, als Wolken fungieren sollten.

Als ein Reiter auf mich zukam und wissen wollte, ob er und seine Freunde der Zeremonie beiwohnen dürften, gab ich die Frage an Don Manuel weiter.

»Nein«, antwortete er.

»Warum?«, wollte ich wissen. Schließlich handelte es sich bei den Männern doch auch um Indios.

»Weil sie keine Inka sind, sondern Peruaner«, erklärte Don Manuel.

Er unterschied zwischen Peruanern, die zur Kirche gingen, und den Inka, die im Freien beteten. Darüber hinaus differenzierte er zwischen Laika, also Meistern, und Schamanen, die zwar über eine große Kompetenz als Heilkundige verfügten, die alten Weisheiten des Urlichts aber größtenteils vergessen hatten.

Stundenlang beteten wir, übergaben Mutter Erde, den heiligen Bergen, den Ahnen und der Lineage der Laika unsere Opfergaben. Anschließend empfingen wir die Riten, die uns in der Zukunft verankern sollten, in der die Erde wieder zur Harmonie zurückgefunden haben wird.

Don Manuel legte Wert darauf, uns zu erklären, dass die Zeitenwende – Pachakuti, der große Umbruch – für das Ende der menschlichen Welt, wie wir sie kennen, steht, aber nicht für den Untergang der Erde. Was zu einem Ende kommen wird, sind der bisherige, unhaltbar gewordene Konsumismus und die Volkswirtschaften, die wir aufgebaut haben. Die Umweltverschmutzung, der raffgierige Missbrauch von Ressourcen, unsere Waffenarsenale. Ganz entschieden hat der Mensch der Welt seinen Stempel aufgedrückt, und jetzt ist unsere Spezies dabei, die Mutter zu vergiften, die uns allen das Leben schenkt. Dieser Ritus nun würde uns in einer Zeit nach der großen Korrektur verankern und uns mit einem neuen Traum versorgen, in dem wir uns in der richtigen Beziehung zur Erde und allen ihren Bewohnern befinden.

Zum Abschluss unserer Zeit auf dem heiligen Berg erhielt ich einen persönlichen Segen von Don Manuel. Er erklärte mir, dass wir beide schon viele Male in diesem Gebirge zusammen gewesen seien und dass sich in dem Gefühl der Wärme, das wir füreinander empfanden, unsere langjährige Freundschaft widerspiegele. Wir alle, erklärte er weiter, hätten viele Leben und wären schon in vielen verschiedenen Ländern zusammen gewesen. Um die Erde heilen zu helfen, kämen jetzt die Laika zurück – als Menschen aller Hautfarben. Dann berührte er meine Stirn mit der seinen und klopfte mir mit seiner Mesa, die die Steine enthielt, mit denen er betete, sanft auf den Kopf.

Als er seine Stirn schließlich wieder von meiner löste und mir in die Augen schaute, hatte ich das Gefühl, ein alter Freund blickte mich an.

Bei meiner Rückkehr vom heiligen Berg war es, als sei ich unversehens in einen Tornado hineingeraten. Mein ganzes Leben schien auf den Kopf gestellt zu werden. Ich realisierte, wie viele Aspekte meines Alltags, meiner Beziehungen und meiner Arbeit Züge angenommen hatten, die sich nur als albtraumhaft beschreiben ließen. Alles, was aus dem Ruder gelaufen war, ging jetzt über Bord, auch meine Ehe.

Ich musste endlich aus den schlechten Träumen von Unsicherheit, Tod und Liebe aufwachen. Und eine Möglichkeit finden, einen neuen Traum zu träumen.

Kapitel 5

Aufwachen!

Die ersten neun Monate unseres Lebens verbringen wir träumend im Schoß der Mutter, um die folgenden Jahre mehr oder weniger lange Schläfchen zu halten und als Teenager scheinbar endlos zu pennen. Ist Mamas Schwangerschaft gut verlaufen und in Begleitung eines liebevollen Partners, der ihr ein Gefühl von Sicherheit gab, waren die Träume, die wir hatten, schön. Viele von uns aber wurden in eine Familie hineingeboren, in der sie sich nicht sicher fühlten. Mit der Folge, dass sie in einem albtraumhaften Umfeld aufwuchsen, aus dem es dem Anschein nach keinen Ausweg gab.

Westliche Psychologen weisen immer wieder darauf hin, wie wichtig es ist, sich mit seiner Kindheit beziehungsweise Ursprungsfamilie zu versöhnen. Aber wie soll ein Missbrauchsopfer dem Vater vergeben, wie ein Sohn oder eine Tochter Verständnis für den Alkoholismus der Mutter aufbringen? Wie können wir den Albtraum einer miesen Kindheit in wertvolle Lektionen verwandeln? Die schamanische Psychologie ist eine andere. Sie stellt die Frage, warum du dir gerade diese bestimmte Familie ausgesucht hast und was du da lernen wolltest. Du begreifst, dass deine Kindheitserfahrungen zwar absolut und schmerzhaft real waren, aber nicht unbedingt wahr, jedenfalls nicht in der Form, in der du sie erinnerst. Du bekommst erklärt, dass es keine Zufälle gibt, dass du dich dankbar zeigen müsstest für die großen (und oft so schmerzhaften) Lektionen, die du erhalten hast, und dass du tatsächlich nicht im Zuhause deines besten Freundes, dem mit den super Eltern, hast auf die Welt kommen sollen. Wie sagt man so schön: Adler werden nun mal nicht in Schlangennestern geboren.

Die Laika verstanden, dass Wachträume genau wie unsere Kindheitserinnerungen zwar real sind, aber nicht *wahr*. Vielmehr handelt es sich dabei um schlechte Träume.

Die Wachträume, denen wir uns mit offenen Augen hingeben, sind genauso lebendig und fesselnd wie die, die wir im Schlaf haben. Und aus ihnen aufzuwachen ist genauso schwer wie aus Nachtträumen.

Aber es geht. Und du musst es tun, bevor der Traum, den du lebst, nicht mehr zu dir passt und du ihn gegen einen besseren eintauschen möchtest. Genau wie eine Mutter ihren Sohn aus einem Albtraum weckt und ihm sagt, dass es nur ein böser Traum war, können auch wir lernen, aufzuwachen und sowohl den nächtlichen als auch den Wachalbtraum in etwas Besseres zu verwandeln.

Denk nur daran, wie schnell sich ein Nachttraum verändern kann: Gerade hältst du dich noch am Strand auf, und im nächsten Moment gehst du schon auf einer grünen Wiese in den Bergen wandern. Genauso schnell können wir unsere Wachträume verändern, aber nur, wenn wir realisieren, dass sie nicht wahrer sind als die, die wir im Schlaf haben. Mir ist schon klar, dass diese Erkenntnis ein harter Brocken und schwer zu verdauen ist. Denn hey: Wenn sich das so verhält, warum sind wir dann nicht in der Lage, den Krieg im Nahen Osten oder die Gewalt in Amerika einfach dadurch zu beenden, dass wir uns etwas anderes herbeiträumen? Die Antwort: Doch, das könnten wir schon. Voraussetzung ist allerdings, dass eine genügend große Anzahl von Menschen diesen neuen Traum vom Frieden träumen.

Wir wissen, wie wir aufwachen und den Traum transformieren.

Wenn du nicht bereit bist, den Traum zu verändern, wenn es dir zu anstrengend ist, zu schwierig oder zu teuer, ziehst du die schnelle Lösung vor. Als dies den Inka geschah, nahm die Macht der Hexer dramatisch zu. In ihnen sahen die Leute die Möglichkeit, die Karten, die das Leben ihnen zugespielt hatte, fix auszutauschen. Man sieht sie ja sogar heute noch, wenn sie auf dem Markt versuchen, ihre Erfolgsformeln, Talismane für sofortigen Wohlstand und Zaubermittelchen zum Finden der großen Liebe an den Mann oder die Frau zu bringen.

Um aufwachen und den Traum transformieren zu können, musst du dich zunächst einmal selbst in dem Traum finden.

Ist dir schon mal aufgefallen, dass dir im Traum manchmal Menschen und Orte erscheinen, die du noch nie gesehen hast? Deine Hände, Füße, dein Gesicht siehst du aber auch nie. Alles um dich herum nimmst du dagegen bis in die kleinsten Details wahr, und manchmal wird dir sogar bewusst, dass du träumst.

Mit unseren Wachträumen verhält es sich genauso. Morgens quälen wir uns aus dem Bett, werfen einen flüchtigen Blick in den Badezimmerspiegel, klatschen uns vielleicht ein bisschen

Make-up ins Gesicht oder rasieren uns und düsen los, um uns auf die verschiedenen Menschen und Situationen einzustellen, die auf uns zukommen. Uns selbst sehen wir nur mit den Augen der anderen. Durch deren Reaktionen auf unsere Äußerungen, anhand ihrer Körpersprache erkennen wir, ob sie uns akzeptieren oder ablehnen. Doch innehalten, um uns selbst zu finden, tun wir nie. Wir nehmen ja nicht einmal den Schatten wahr, der uns überallhin begleitet.

Wir müssen uns einen blank polierten Spiegel vor das Gesicht halten, um eine wahre Reflexion unserer selbst zu bekommen und uns in dem Traum (wieder) zu finden. Dann können wir aufwachen und den heiligen Traum entdecken, der unserem Leben einen höheren Sinn verleiht.

Um dein wahres Selbst und deinen heiligen Traum entdecken zu können, musst du die drei bescheuerten Tagträume transformieren, die seit jeher unsere Entschlusskraft und unseren Geist schwächen: den Traum von der Sicherheit, den Traum von der Beständigkeit und den Traum von einer bedingungslosen Liebe.

Der Traum von der Sicherheit

Das Bedürfnis nach Sicherheit ist angeboren und unser urwüchsigster Instinkt. Angesichts einer vermeintlichen Gefahr sorgt es dafür, dass wir kämpfen oder davonlaufen. Ist unsere Sicherheit bedroht, überlegen wir nicht mehr, was genau jetzt am besten zu tun wäre. Wie jede andere in die Enge getriebene Kreatur schlagen wir um uns, physisch oder emotional, oder aber wir rennen davon und verstecken uns, machen die

Schotten dicht und sind für keine rationale Analyse der wahren Ursache unseres Unbehagens mehr zugänglich. Sollte weder Flucht noch Kampf möglich sein, überfällt uns eine Art Lähmung. Dann stecken wir den Kopf in den Sand und hoffen, dass sich alles irgendwie in Wohlgefallen auflöst.

Solange wir noch unfähig sind, den Traum von der Sicherheit zu transformieren, empfinden wir die Welt als gefährlich und sind ständig auf der Hut, physisch oder emotional. Weil wir das Leben für viel zu riskant halten, lassen wir Chancen ungenutzt an uns vorbeiziehen. Sicherheit geht uns über alles, bestimmt aber auch darüber, inwieweit wir Neues und Unbekanntes entdecken. Hinzu kommt: Bei unseren fehlgeleiteten Versuchen, diesen Traum zu transformieren, werden wir schnell allzu vertrauensselig oder gutgläubig und ziehen Menschen an, die uns als leichte Beute betrachten und über den Tisch ziehen. Sehen wir uns nicht in der Lage, aus dem Traum von der trügerischen Sicherheit aufzuwachen, verharren wir in einer Beziehung oder einem Arbeitsverhältnis, die/das wir längst hätten aufgeben sollen. Doch das Vertraute daran wiegt uns in der Illusion der Sicherheit. Und wir tolerieren weiterhin sowohl ausfallendes Verhalten von anderen als auch eigene destruktive Neigungen.

Alle Tiere haben den Kampf-oder-Flucht-Instinkt. Doch der Setpoint in Sachen Sicherheit ist bei uns Menschen von Individuum zu Individuum verschieden. Bestimmt wurde er von dem Sicherheitsempfinden der Mutter, während sie mit dir schwanger war. Da das nicht das Geringste mit Psychologie zu tun hat, kannst du diesen Setpoint auch nicht auf der Analytikercouch korrigieren. Denn er ist der Chemie deines Gehirns einprogrammiert. Er stellt sozusagen den Fluch der

Ahnen dar, den die Mutter in den ersten Lebensmonaten an ihr Baby weitergibt.

Ist der Mensch dann einmal geboren, verwendet er viel Lebenszeit auf den Blick in den Spiegel seiner Ursprungsfamilie, um darin seine Ursprünge zu finden, sein wahres Wesen zu erkunden und seine Bestimmung. Doch während das Bild, das du in diesem Spiegel siehst, unzweifelhaft real ist, ist es doch nicht wahr. Jedenfalls entspricht es nicht der ganzen Wahrheit. Denn das, was du bist, wo du herkommst und was du in Zukunft tun wirst, ist viel großartiger als das Bild, das du im Spiegel deiner Familie entdeckst. Was daran liegt, dass dieser Spiegel von Angst und dem Bedürfnis nach Sicherheit und Schutz verunreinigt ist. Schließlich sagt man ja nicht ohne Grund: »Lieber das bekannte Übel als etwas unbekanntes Gutes.«

Wo können wir Sicherheit finden?

Ich fragte Don Manuel nach den Prophezeiungen, in denen von einer Zeit großen Aufruhrs in der Welt die Rede ist. Den Inkalegenden zufolge handelt es sich hierbei um einen Aspekt des Zyklus von Erneuerung und Zerstörung, der sich etwa alle fünfhundert Jahre bemerkbar macht. Diese Voraussage, die sowohl von Destruktion als auch vom Neuaufbau der Welt spricht, ist gleichermaßen erschreckend, wie sie optimistisch stimmen kann. Die letzte Zeitenwende – beziehungsweise Pachakuti, wie eine solche Umwälzung auf Quechua genannt wird – vollzog sich 1531 mit dem Eintreffen des Eroberers Pizzarro, das den Anfang vom Ende des Inkareiches markierte.

Wie mir Don Manuel erklärte, befinden wir uns auch aktuell wieder inmitten eines solchen Ereignisses, leben in einer Zeit großer Gefahr für die ganze Menschheit. Allenthalben sehen wir die Zeichen des Zusammenbruchs, angefangen beim Klima über die Wirtschaft bis hin zu den katastrophalen Verhältnissen in den Großstädten und der Arbeitswelt.

»Wo können wir uns denn in Sicherheit bringen?«, fragte ich.

»Nirgendwo«, gab Don Manuel zurück. »Orte, die Schutz bieten, gibt es keine. Wohl aber Menschen. Einfach aufgrund des Lichts, das von ihnen ausgeht. Unsere Mutter Erde möchte, dass es ihren Kindern gut geht und dass sie beschützt sind. Nimmst du dich also ihrer an, kümmert sie sich auch um dich.«

Ich verstand kein Wort. »Aber wie um alles in der Welt soll mich die Erde denn beschützen können?«, hakte ich nach.

»So, wie sie dich in einem Sturm oder bei Erdbeben auch umbringen kann. Oder aber indem sie dein Haus vor der Feuersbrunst bewahrt, während alles andere im Umkreis den Flammen zum Opfer fällt«, erklärte mir der alte Mann.

Hast du erst einmal begriffen, dass dein Schutz nicht von anderen oder von äußeren Umständen abhängt, nicht von geschlossenen Wohnanlagen oder Armeen, Schwüren ewiger Liebe oder Freundschaft, dann kannst du den Traum von Sicherheit transformieren.

Der Traum von der Beständigkeit

Erinnerst du dich noch, wie es war, als dir das erste Mal klar wurde, dass du sterben musst? Lagst du da nachts wach und fragtest dich, was wohl danach sein würde? Als kleiner Junge, weiß ich noch, habe ich in der Kirche gehört, dass die Eltern nicht in den Himmel kämen, wenn sie sich scheiden ließen. Die Vorstellung, dass meinem Vater der Zugang zum ewigen Paradies verwehrt bleiben würde, weil er geschieden war, als er meine Mutter heiratete, setzte mir schrecklich zu. Und dann begann ich, mich zu fragen, was wohl bei meinem Tod mit mir geschehen mochte. Schließlich entstammte ich in den Augen der Kirche einer illegitimen Beziehung. Was wurde aus solchen Kindern?

Dieses erste Mal erleben wir alle – wenn wir uns unversehens unserer Sterblichkeit und der Tatsache bewusst werden, dass uns der Tod auf Schritt und Tritt begleitet.

Als ich Don Manuel kennenlernte, war er bereits ein alter Mann, zumindest in den Augen eines Mitdreißigers. Trotzdem ließ er sich nicht davon abbringen, auf dem Weg in die Berge beim Aufbau der Zelte zu helfen und sogar schweres Gepäck zu schultern. Wann immer ich ihm meine Hilfe anbot, scheuchte er mich mit der Bemerkung davon, das sei keine Arbeit »für einen gebildeten jungen weißen Mann« wie mich.

»Aber ich will doch nur, dass du uns möglichst lang erhalten bleibst«, wandte ich ein, als ich ihm eine besonders schwere Tasche abnehmen wollte.

»Ich aber nicht«, gab er zurück. »Ich bin jederzeit zum Sterben bereit, von mir aus jetzt gleich. Ich bereue nichts, empfinde nur Dankbarkeit. Du dagegen meinst, du hättest mit Sicherheit noch fünfzig Jahre, um deinen ganzen Kram zu regeln, also soll alles möglichst lang andauern.

Das Schöne an meinem Leben ist, dass ich weiß, was ich danach sein werde, während du nicht einmal die geringste Ahnung hast, wer du überhaupt bist.«

Mit einem entschiedenen Nicken gab mir der alte Mann unmissverständlich zu verstehen, dass ich nun aber wirklich aus dem Weg gehen und ihn in Ruhe seine Arbeit machen lassen sollte.

Der Traum von der Beständigkeit birgt die Illusion der eigenen Unsterblichkeit. Der Tod ereilt immer nur die anderen – Alte und Kranke, und zu diesem Personenkreis werden wir natürlich nie gehören. Wir genießen das jugendliche Gefühl von Unsterblichkeit und Unverwundbarkeit – so lange, bis aus dem Tag- ein Albtraum wird, sich die Fältchen nicht mehr ignorieren lassen und wir erkennen, dass wir uns etwas vorgemacht haben. Das Leben kann von einem Moment zum nächsten vorbei sein, weil dieser Daseinszustand nun einmal nicht von Dauer ist – und Altern, Krankheit und Tod garantiert sind.

Wenn wir, wie es Don Manuel getan hat, den Traum der Beständigkeit *transformieren*, entdecken wir Leben im Tod und Tod im Leben. Wir erkennen, dass der lineare Ablauf von Geborenwerden, Aufwachsen, Altwerden – jener siebzig Lebensjahre, von denen wir ausgehen – nicht alles ist. In Wahrheit werden wir geboren und immer wieder geboren und gleiten in unserem heiligen Traum dem Fluss der Zeit folgend in die Zukunft, um die Welt neu zu erschaffen.

Wir entdecken die Unendlichkeit. Aber glaub mir das bloß nicht einfach so, nur weil es hier so steht. Versuch lieber die Übung im siebten Kapitel.

Der Traum von einer bedingungslosen Liebe

»Ich habe schon verstanden, dass du einen Narren an deinem Gehirn gefressen hast«, sagte Don Manuel zu mir. Wir saßen ums Feuer am Erdtempel von Moray. Die Sonne war gerade untergegangen, das Lager aufgeschlagen und die Temperatur, wie in so großer Höhe üblich, beinahe ins Bodenlose gestürzt.

»Ja, stimmt, ich mag mein Gehirn wirklich ganz gern«, antwortete ich. Wie der alte Mann wusste, unterhielt ich an der psychologischen Fakultät der San Francisco State University ein eigenes kleines Forschungslabor mit dem Schwerpunkt Hirn und Geist.

»Aber nicht im Gehirn spielt die Musik«, wandte er ein, »sondern im Herzen. Während dich das Hirn in neun von zehn Situationen in Schwierigkeiten bringt, täuscht dich das Herz nie. Denn die Seele sitzt nicht im Kopf, sondern im Herzen.«

»Wie ich weiß«, fuhr der alte Mann fort, »hast du schon mal ein Hirn in der Hand gehalten. Aber auch ein Herz? Das schlägt sogar noch, wenn es gar nicht mehr im Körper ist.«

»Woher weißt du das?«, wollte ich wissen.

»Von Hühnern.«

»Nein, ich meine das mit der Seele und dem Herzen.«

»Mit dem Herzen liebt die Seele ohne Wenn und Aber, ohne all die Bedingungen, an die wir die Liebe knüpfen. Das Hirn ist zwar bestens geeignet, uns irgendwie durchs Leben zu navigieren, aber man sollte nicht alles danach ausrichten.«

Schon bald nach der Geburt lernen wir, dass uns bestimmte Verhaltensweisen ein liebevolles Lächeln von Mama einbringen. Also benehmen wir uns entsprechend. Schmeißen wir dagegen (wie es Babys gern tun) Essen auf den Boden oder legen anderweitig »schlechtes« Betragen an den Tag – man denke nur an den berühmten Wutanfall im Supermarkt –, ernten wir dafür eine missbilligende Miene oder Bemerkung. Wir sind schon als ganz kleine Kinder in der Lage, Mutters Tonfall zu interpretieren, und lernen: Zustimmung heißt, dass wir geliebt werden, und Ablehnung, dass wir nicht geliebt werden.

Weil wir so klein sind und total abhängig von den Erwachsenen, glauben wir, dass unser Überleben in Gefahr gerät, sobald wir uns nicht so verhalten, dass uns Zustimmung und ein liebevolles Lächeln sicher sind.

Solange wir Liebe mit Zustimmung assoziieren, tun wir praktisch alles, um sie zu erhalten. Um die Liebe und Zustimmung von Menschen zu bekommen, zu denen wir aufsehen oder von denen wir uns angezogen fühlen, tun wir auch Dinge, die wir eigentlich nicht für richtig halten. Wir verleugnen nicht nur unsere Wertvorstellungen, sondern unser ganzes Wesen so, dass wir es später einfach nur abscheulich finden.

Psychologen zufolge empfinden Babys es als Folter, wenn sie weinen und sich niemand um sie kümmert (»Ach, das ist nur ein Trotzanfall, da muss es durch«).* Werden wir in qualvollen Situationen wiederholt uns selbst überlassen, lernen wir daraus, dass wir weder uns selbst noch anderen trauen können. Im Laufe der Zeit verfestigt sich in uns die Überzeugung, dass uns ausgerechnet die Menschen, die wir lieben, am meisten verletzen können. Und als Erwachsene fragen wir uns dann: »Warum muss die Liebe bloß so wehtun?«

Einige von uns verwechseln Liebe mit Sex oder Unterwerfung. Oder aber sie glauben, ein Geschenk von jemandem zu erhalten hieße, von dieser Person geliebt zu werden. Dann suchen wir jemanden, der uns liebt, ohne dass er einen enormen Preis für seine Zuneigung verlangt und wir eine ganze Liste von Bedingungen erfüllen müssen.

Sobald wir aus dem Traum von einer bedingungslosen Liebe aufwachen und ihn transformieren, entdecken wir, dass Liebe kein Gefühl ist, sondern schlicht und einfach dem menschlichen Wesen entspricht. Diese unsere Liebe kennt keine Bedingungen. Wir brauchen niemanden mehr, den wir lieben oder durch den wir die Liebe erfahren können, sondern *werden* zu Liebe.

Unser Traum von der Wirklichkeit wird von diesen drei fundamentalen menschlichen Bedürfnissen geprägt: Sicherheit, Beständigkeit und Liebe. Wir alle wollen ewig leben, beschützt und in Sicherheit sein, wir wollen bedingungslos geliebt werden, niemals altern oder uns mit unserer Sterblichkeit auseinandersetzen müssen. Auf verschiedenerlei Art – kreativ oder im Rückblick manchmal auch saukomisch – versuchen

* Vergleiche Darcia Narvaez: »Five Things NOT to Do to Babies.« *Psychology Today*, https://www.psychologytoday.com/blog/moral-landscapes/201404/five-things-not-do-babies.

wir, zu verhindern, dass unsere Lebensträume zu Albträumen werden. Doch irgendwann müssen wir zwangsläufig zugeben, dass unsere Tagträume ihr Haltbarkeitsdatum überschritten haben. Danach können wir uns für einen neuen Traum öffnen: für den heiligen Traum, der anfänglich nicht unbedingt real wirkt, aber absolut wahr ist.

Kapitel 6

Den Traum von
der Sicherheit transformieren,
das »Ich bin« entdecken

Bevor wir in Städten lebten, fanden wir am dörflichen Lagerfeuer Schutz und Sicherheit. Die tanzenden Flammen erhellten ein wenig die Dunkelheit und schreckten die großen Tiere ab. Jahrhundertelang war der Schein des Feuers nach Sonnenuntergang das einzige Licht, das es gab, und selbst heute sitzen wir noch gern am Kamin oder erfreuen uns an einem Candle-Light-Dinner. Für Schamanen war das Feuer nie nur zum Kochen oder Heizen gut; vielmehr galt es ihnen als lebendige Präsenz des universellen Urlichts. Das in den Ästen und Zweigen gefangene Sonnen- und Sternenlicht wird in dem Moment wieder freigesetzt, in dem die Flammen das Holz berühren. Und dadurch, dass dieses Licht die Schatten vertrieb, in denen die Ängste lebten, gab es den Menschen ein tief empfundenes Gefühl von Sicherheit.

Und wenn der Magen noch so lautstark knurrte, der Anblick eines Feuers vertrieb den Hunger. Und auch die Einsamkeit schwand: Angesichts der Flammen spürte man die

Gesellschaft seiner Vorfahren, ahnte vage die Präsenz zukünftiger Generationen. Die Angst wich, selbst wenn man wusste, dass in den Wäldern um einen herum gewaltige mysteriöse Kräfte lauerten, und das glühende Holz, das die Leute an die Großzügigkeit des Urlichts erinnerte, stillte Sehnsüchte.

Suche und finde dein inneres Feuer!

Ich bin.

Diese zwei Wörter gehören zu den stärksten unserer Sprache. Und die, die wir den beiden hinzufügen, prägen das Erleben des gesamten Tages, manchmal sogar den ganzen Rest des Lebens. Die folgenden vier Adjektive sind es, die uns an den Traum von der Sicherheit fesseln:

Ich bin hungrig. Ich bin ängstlich. Ich bin wütend. Ich bin einsam.

Solange du nach »Ich bin« diese vier Adjektive – hungrig, ängstlich, wütend, einsam – benutzt, verbringst du deine Lebenszeit mit dem Versuch, die Leere auszufüllen, die sie bezeichnen.

Und das sind auch die vier Emotionen, die du läutern musst, um den Traum von Sicherheit transformieren zu können: Hunger (das Gefühl, nie genug zu bekommen), Angst, Zorn und Einsamkeit. Sie lauern in den ältesten Regionen der Psyche, stellen die Überreste einer Zeit dar, in der wir zusammengekuschelt in dunklen Höhlen lebten, während draußen echte oder vermeintliche Raubtiere lauerten. Und genau diese Emotionen sind es auch, die deinen Traum von Sicherheit zum Albtraum machen.

In der Psychotherapie lernte ich über die Jahre, dass ich hart an dem arbeiten musste, was ich »nicht bin«. Wenn ich nicht hungrig bin, keine Angst habe, nicht wütend bin, nicht von der Hand in den Mund lebe und nicht einsam bin, fühle ich mich sicher und beschützt. Dann habe ich von allem genügend. Dann werde ich weder physisch noch emotional auf irgendeine Weise drangsaliert. Ich werde geliebt und wertgeschätzt.

Mit diesen vier Emotionen kannst du dich nun Jahr um Jahr beschäftigen und von einer zur nächsten mäandern. Womöglich arbeitest du an deiner Wut, deiner Aggressivität oder an deinem Empfinden von Fülle, damit du dich beschützt und sicher fühlen kannst. Hast du ein Ziel erreicht, können die damit verbundenen Pluspunkte aber schon schnell wieder obsolet sein, weil du dich bereits auf das nächste Problem kapriziert hast – womöglich die Angst –, das dir beim Erreichen deines Lebensglücks vermeintlich im Weg steht.

Um den Traum von der Sicherheit zu transformieren, begeben sich Schamanen auf Visionssuche. Sie fasten, um sich mit ihrem Hunger zu konfrontieren. Tagelang halten sie sich allein in der Wüste oder in den Wäldern auf, um sich mit ihrer Einsamkeit und Angst auseinanderzusetzen. Und in dem Moment, in dem sie den genannten Emotionen ins Auge schauen, erkennen sie, dass diese zwar vollkommen real erscheinen, ihnen in Wirklichkeit aber nichts Wahres anhaftet.

Das ist überhaupt das Wichtigste, wenn du dich vom Traum von der Sicherheit befreien willst: zu erkennen, dass er einfach nicht wahr ist, auch wenn er noch so real wirkt. Alle diese vier Emotionen beinhalten ein trügerisches Versprechen von Freiheit oder Sicherheit oder wirken als Erklärung für deine Schwächen, während du in der Lage wärst, sie zu überwinden.

Wann immer du Hunger (sprich: Mangel), Angst, Wut oder Einsamkeit empfindest, solltest du dich fragen: »Was bringt mir das Festhalten an diesem Denken und Fühlen?« Denn sobald du den Nutzen kennst, den du daraus beziehst, fällt es dir leichter, den alten Traum loszulassen. Ich zum Beispiel fühlte mich viele Jahre lang selbst in Gesellschaft von Freunden einsam. Sogar wenn ich mit Leuten zusammen war, die ich sehr mochte, fühlte ich mich oft irgendwie verloren und unverstanden. Eines Tages dann wurde mir klar, dass ich an dieser Emotion festhielt, weil sie mir die Möglichkeit gab, mich als etwas Besonderes zu fühlen. Ich war anders. Auch um den Preis, dass ich in einer Welt lebte, die nur von einer einzigen Person bewohnt wurde – mir selbst.

Ich beschloss, meine Einsamkeit zu transformieren. Weil mir eines Morgens klar geworden war, dass meine bisherigen Versuche, mich aus dem Loch herauszukämpfen, in dem ich mich befand, nicht fruchteten.

Es beginnt mit der Frage: »Wer bin ich?«

Sobald du erkannt hast, dass nicht dein Name, deine Nationalität oder dein Geschlecht dich definieren – dass alle diese Dinge zwar real sind, aber nichts eigentlich Wahres darstellen –, kannst du dich allmählich der Möglichkeit öffnen, dass das, was du für deine Identität gehalten hast, nur ein Traum war.

Wie ich herausfand, entsprach die Aussage »Ich bin einsam« keineswegs der Wahrheit.

Sobald dir klar geworden ist, dass kein Substantiv, kein Attribut, kein Adjektiv je in der Lage sein wird, das »Ich bin ...« zu vervollständigen, entscheidest du dich für »Ich bin« ohne irgendwelche Zusätze. Und der Traum von der Sicherheit kann anfangen, sich aufzulösen.

ICH BIN ist der alte Name Gottes.

Eines Tages saßen wir vor einem Café auf dem Hauptplatz von Cusco. Gerade hatte der Kellner unsere Getränke gebracht, einen Caffé Americano für Don Manuel, einen Espresso für mich. Wir hatten uns über den jahrhundertealten Konflikt zwischen dem weißen Mann und den Indios unterhalten. Don Manuel schien die Vergewaltigungen und Plünderungen durch die Konquistadoren viel leichter akzeptieren zu können als ich.

»Als junger Mann war ich sehr zornig«, erzählte mir der alte Laika. »Jetzt aber bin ich den Eroberern beinahe dankbar. Weil sie uns aufgeweckt haben. Denn wir befanden uns tatsächlich im Tiefschlaf. Die Inka glaubten nämlich, ihr Wohlstand und ihr Reich würden ewig währen. Um die Menschen kümmerten sie sich gar nicht mehr. Der Traum vom *Tawantinsuyu*, dem Reich der vier Weltgegenden, wandelte sich in einen Albtraum. Den Spaniern sollte man keine Vorwürfe machen. Wir haben mindestens genauso große Fehler gemacht, und als das Unvermeidliche nicht mehr zu übersehen war, baten die Herrscher die Priester, ihre Zauberformeln zu sprechen und nicht mehr nur Lamajunge zu opfern, sondern auch Menschenkinder.«

»Ziemlich verwerflich, wenn du mich fragst.« Ich griff nach dem Zucker, legte einen braunen Würfel auf meinen Teelöffel und schaute zu, wie sich das Süße in meinem Kaffee auflöste.

»Du bist sauer«, bemerkte der alte Mann.

»Worauf du dich verlassen kannst! Jeder einzelne Ahne von dir ist verfolgt, gefoltert oder versklavt worden – wenn nicht von der kirchlichen Inquisition, dann aber mit Sicherheit von den Eroberern.«

»Du bist sauer«, wiederholte der Alte. »Du missbrauchst die Tragödie unseres Volkes als Rechtfertigung für deine Gefühle. Aber bitte: Nimm das Angedenken an meine Vorfahren nicht her, um deine Wut anzufeuern. Das ist *dein* Albtraum – nicht meiner.«

Ich war schockiert und beschämt zugleich. Don Manuel hatte recht. Ich bediente mich seines Volkes als Vorwand, um ein Gift versprühen zu können, das ich schon lange in mir hatte: den Zorn auf die Kirche meiner Jugend.

»Das Problem ist: Wenn du nicht sauer bist und auch keinen Hunger auf irgendwas hast (denn Nahrung steht dir ja im Überfluss zur Verfügung), wenn du keine Angst empfindest und dich auch nicht einsam fühlst, dann weißt du überhaupt nicht, wer du bist. Du trägst all diese Empfindungen mit dir herum und holst sie nach Belieben hervor, wann immer du dich mal spüren willst. Nimm zum Beispiel diese Blume dahinten.« Don Manuel richtete den Blick in die Grünanlage jenseits der Straße und deutete mit seinem Löffel auf eine dicke Rosenblüte. »Deren Nektar und Duft lassen keinen Zweifel an ihrer Identität aufkommen. Die Bienen, von denen sie besucht wird, nehmen nur ihren Nektar. Du dagegen definierst dich anhand der Gifte, die du als deine Meinungen bezeichnest. Und wenn jemand kommt, um von deinem Nektar zu saugen, findet er deinen Zorn, deine Einsamkeit, die Gier nach mehr, mehr, mehr oder deine Angst vor. Deine Freunde sind alles Leute, die dieselben Gefühle haben wie du. Und kein Zuckerwürfel kann groß genug sein, um diesen schalen Beigeschmack aufzulösen«, sagte er und deutete auf den armseligen Rest Süße auf meinem Löffel.

Verhexen und verzaubert werden

Bald nachdem du erfahren hast, wie es ist, unter dem Zauber anderer zu stehen, lernst du, selbst einen zu wirken. Das beginnt schon in der frühen Kindheit.

»Wer ich bin« weiß ich, weil ich es in den ersten Lebensjahren von meinen Eltern gelernt habe. Das war bei uns allen so. Sobald Mama kam und uns stillte oder fütterte, wenn wir weinten, fühlten wir uns sicher, empfanden weder Hunger noch Einsamkeit oder Zorn.

Deine Mutter, dein Vater, deine Geschwister waren der Spiegel, in dem du dich gesehen hast. In dem Maße, in dem du lerntest, die Mienen deiner Bezugspersonen zu deuten und ihre Gefühle zu entschlüsseln, fandest du heraus, wer du bist. Ihre Augen waren es, durch die du gelernt hast, dich zu sehen. Sobald du auf Anzeichen von Missfallen gestoßen bist, hast du dein Verhalten so angepasst, dass wieder gelächelt wurde. Nahmst du im Ausdruck deiner Mutter Liebe wahr oder sahst du ein Strahlen, war deine Welt in Ordnung. Blieb die Bestätigung aus, nach der du in ihrem Gesicht stets gesucht hast, ging es dir ganz elend. Man könnte also gut und gern behaupten, dass du dem Zauber deiner Familie verfallen warst.

Ich verwende das Wort »Zauber« hier aus einem ganz bestimmten Grund. Erinnerst du dich noch, dass die Laika ihr Wissen über unsere Fähigkeit, den eigenen heiligen Traum zu träumen und die Wirklichkeit zu gestalten, mitnahmen, als sie sich in die Berge zurückzogen? Genau diese Befähigung aber verlieren wir, wenn wir unter einem fremden Zauber stehen (oder uns dies auch nur einbilden). Die Tieflandindios verließen sich auf die Zauberkraft von Mitmenschen, was Glück anging, gesunde Babys, die Genesung von einer Krankheit oder auch wenn sie Leuten, die nicht ihresgleichen waren, den Tod an den Hals wünschten. Genauso lernen auch wir, auf Außenstehende zu bauen, die uns sagen, wer wir sind, von wem wir uns unterscheiden und um wen es sich bei diesen »anderen« überhaupt handelt.

Als Kinder lernen wir von unseren Eltern, dass »die da nicht zu uns gehören«. Und so beginnen wir zu glauben, dass die »anderen« deshalb nicht so intelligent, friedliebend und gebildet sein können wie wir, weil sie »anders« sind als wir. Wenn wir dann die Liebe finden, versichern wir der betreffenden Person: »Ich liebe dich.« Was wir in Wirklichkeit damit meinen, ist: »Ich liebe dich, solange du bist wie ich.« Der Witz dabei – aber so komisch ist der gar nicht: Solange wir den Zauber, unter dem wir stehen, noch nicht abgestreift haben, wissen wir weder, wer wir selbst sind, noch der Partner oder die Partnerin.

Nicht lang, und wir nehmen den Zauber für bare Münze – ohne Wenn und Aber. Mit möglicherweise tödlichen Folgen. 1992 dokumentierte Clifton L. Meador die Geschichte eines Mannes, der in Übereinstimmung mit seinen Ärzten fest davon überzeugt war, sehr bald an Krebs zu sterben. Bei der Obduktion jedoch stellte sich heraus, dass ein Tumor als Todesursache keinesfalls infrage kam. Woraus Dr. Meador den Schluss zog, dass es die Überzeugung, bald sterben zu müssen, war, die den Mann umgebracht hatte.

Der Zauber deines Namens

Die erste Erfahrung mit dem »Ich bin« machst du im Zusammenhang mit deinem Namen.

Statt »Mein Name ist Alberto« zu sagen, habe ich mich lange mit den Worten »Ich bin Alberto« vorgestellt. Ich war überzeugt, mit diesem Namen, den auch mein Großvater schon getragen hatte, identisch zu sein; dass sich in ihm die Geschichte meiner Familie weiterschrieb. Die bestand, erfuhr ich später, überwiegend aus Piraten und Straßenräubern sowie ein paar Sklavenhaltern und Kaufleuten – es war also im Grunde nicht direkt ein Stammbaum, auf den man hätte stolz sein müssen.

Sagst du »Ich bin [dein Name]«, rufst du die Zaubersprüche deiner Vorfahren auf den Plan. Bei manchen geht es um Gesundheit, Lebenswandel und Tod. Beim Hausarzt wirst du gefragt, woran deine Eltern gestorben sind. Brustkrebs, Herz-Kreislauf-Erkrankungen, Demenz – die Würfel seien längst gefallen, wird er dir sagen, es liegt alles in den Genen. Therapeuten werden dir zeigen, dass die Legenden deiner Familie von einer Generation zur nächsten weitergegeben werden, bis du schließlich wie deine Mutter (beziehungsweise dein Vater) geworden bist – und genau das hattest du doch immer unbedingt vermeiden wollen.

Erinnerst du dich noch an den Tag, an dem du morgens nach dem Aufstehen in den Spiegel geguckt und ausgerufen hast »Mein Gott, ich sehe ja genauso aus wie meine Mutter!«?

Aber natürlich gibt es noch eine andere Realität, derer du dir bewusst werden kannst. Und ich glaube, das weißt du auch.

In vielen indigenen Traditionen Amerikas sucht man sich seinen Namen erst in der Pubertät aus, um zu verhindern, dass die Geschicke der Betreffenden von den Legenden und Kämpfen ihrer Vorfahren bestimmt werden.

Ich weiß noch, mit dreizehn bekam ich von einem Onkel mal zu hören: »Alberto, du stehst da genau wie dein Vater immer, mit denselben vor der Brust verschränkten Armen.« Das hat mich total geschockt. Mein Vater wirkte immer so ernst, so streng – und ich? Ich gab mir die größte Mühe, entspannt und freundlich rüberzukommen, aber meine Körpersprache erzählte offenbar eine ganz andere Geschichte. Auf der Stelle beschloss ich, meine Haltung zu verändern. Ich wollte einfach nicht, dass die Leute meinen Vater in mir sahen – ausgerechnet! *Mich* sollten sie sehen, und zwar genauso, wie ich mich selbst sah: cool, sympathisch und zugänglich.

Wer ich wirklich war? Ich hatte keine Ahnung. Nur wem ich auf gar keinen Fall ähneln wollte, wusste ich (und das war ja schon mal der erste Schritt raus aus dem Zauber, denke ich).

Der zweite besteht darin, dass man aufhört, in den Gesichtern der anderen nach Bestätigung zu suchen. Das kannst du gern mal mit jemandem ausprobieren: Gib der betreffenden Person keinerlei Rückmeldung, wenn sie mit dir spricht. Schau ihr nur in die Augen, ohne bestätigend zu nicken und ohne ein Wort zu sagen. Achte darauf, wie unbehaglich es der Person wird, wenn sie nicht das geringste Feedback erhält.

Wird dir jegliche Bestätigung verweigert, weißt du plötzlich nicht mehr, wer du überhaupt bist. Und wir würden fast alles tun, um Anerkennung zu erhalten: das goldene Sternchen in der Grundschule, ein aufmunterndes Schulterklopfen, ein Lob der Eltern und dass sie sich stolz auf uns zeigen.

In einem seiner Gedichte sagt der Sufi-Mystiker und Gelehrte Rumi zu der geliebten Person: »Denn ich habe aufgehört zu existieren, nur du bist noch hier.« Hat die Person, die du liebst, so etwas auch schon mal zu dir gesagt? In Wahrheit bezieht sich Rumi natürlich auf Gott, aber in unseren Liebesbeziehungen wird aus dem Zitat im Grunde oft ein »Denn du hast aufgehört zu existieren, nur ich bin noch da …«

Der größte Einfluss, den man auf eine andere Person ausüben kann, besteht darin, ihre Existenz zu leugnen. Und nicht zufällig erhalten ja Gefängnisinsassen alle dieselbe Kleidung: Als Individuen haben sie aufgehört, zu existieren.

Tibetische Mönche rasieren sich, wenn sie ins Kloster eintreten, den Kopf, um zu signalisieren, dass sie nicht länger Sohn einer armen oder reichen Familie und überhaupt nichts Besonderes mehr sind.

Das Erste, dessen wir uns sicher sein mussten, war, dass wir existieren: *Ich bin.*

Und wir glauben, nur sicher sein zu können, dass wir existieren, wenn wir das »Ich bin« ergänzen.

Ich bin *sicher und geborgen.*

Alles beginnt mit der Frage: »Wer bin ich?«

Lebst du nur lange genug, wirst du dir irgendwann die Frage stellen müssen: »Wer bin ich?«

Die ist ganz schrecklich, weil sie dich auf eine Reise ins Unbekannte schickt. Allmählich wird dir klar, dass du weder mit deinem Namen identisch bist noch mit deinem Job oder einer der zahllosen Rollen, die du in deinem Leben spielst. Und auch dass du Rosenkohl hasst, Opern aber liebst, sagt nichts – ich wiederhole: nichts! – darüber aus, wer du bist. Solange du nicht beginnst, den Traum von der Sicherheit zu transformieren, hast du nicht die leiseste Ahnung, wer du wirklich bist.

Diese Frage aber solltest du dir unbedingt stellen; sie ist ein wichtiger Schritt in die richtige Richtung.

Als mein Vater in seinen Siebzigern war, rief er mich eines Morgens sehr früh an und sagte: »Weißt du was, Alberto, ich lebe das Leben eines anderen. Ich versuche, ein guter Ehemann zu sein, fürsorglich und ein guter Mensch. Aber ich habe keine Ahnung, wessen Leben es eigentlich ist, das ich da führe.« Nachdem er sich die Frage »Wer bin ich?« gestellt hatte, lebte er die letzten Jahre, die ihm noch blieben, sein eigenes Leben. Manchmal denke ich, mein Vater sei mit fünf gestorben. Aber es waren fünf richtig gute Jahre.

Dass wir überhaupt existieren, wissen wir in jungen Jahren allein aufgrund der Tatsache, dass wir von anderen wahrgenommen werden, sei es lobend oder aber kritisch: Du nimmst Kenntnis von mir, also bin ich. Ich existiere. Manchmal bleiben wir auch deshalb viel länger in einer toxischen Beziehung, als uns guttut, weil wir als etwas wahrgenommen werden, auch wenn wir es gar nicht sind. Und mit dieser Art Anerkennung begnügen wir uns dann.

Wirft dir jemand vor, du seiest »egoistisch«, sieht sich der Betreffende in Wirklichkeit selbst in dir – und was er da sieht, gefällt ihm nicht. Solltest du nun denken, eine Veränderung deinerseits zum Besseren würde diese Person dazu veranlassen, dich mehr zu akzeptieren oder netter zu dir zu sein, täuschst du dich. Bringst du schließlich den Mut auf, dich von ihr zu lösen, stellst du fest, dass du in Wirklichkeit ein rücksichtsvoller, liebender Mensch warst, der bloß in einen verrauchten Spiegel geschaut hatte.

Der Geist ist ja irre

Mit seiner berühmten Maxime »Ich denke, also bin ich« sagte René Descartes nichts anderes aus, als dass dieses »Ich bin« von unserer Denkfähigkeit abhänge. Der französische Gelehrte hatte nach einer Tatsachenbehauptung gesucht, die von niemandem infrage gestellt werden konnte. Und das Argument, das er ins Feld führte, lautete in etwa so: Sollten bei ihm je Zweifel an seiner Existenz aufkommen, würden diese allein dadurch zerstreut werden, dass er selbst es ja wäre, der sie vorbrachte. Auf Latein lautete sein Statement »Cogito, ergo sum«.

Doch Denken, also die geistige Treibjagd auf lange Reihen unzusammenhängender Gedankensplitter, wird dir nie ein bleibendes Gefühl dafür geben, wer du bist. Um dir deiner Existenz sicher sein zu können, musst du schon in aller Ruhe einen Gedanken säuberlich nach dem anderen fassen. Weshalb die Vorstellung, den Gedankenfluss zu kanalisieren, überaus beängstigend sein kann. Das ist auch der Grund dafür, dass der Geist einfach nicht aufhören mag, einen Gedanken übergangslos an den anderen zu reihen. Denn wenn wir mal nicht in Gedanken versunken wären und unser Geist ganz still wäre, könnten wir ja aufhören, zu existieren. Deshalb fällt es vielen von uns auch so schwer, zu meditieren und das

Tohuwabohu des Denkens einzustellen: Wir glauben einfach, dass wir uns in Luft auflösen könnten, sobald wir das Denken einstellen.

Wenn du deinen Traum von der Sicherheit transformierst, wird dir klar, dass der Geist völlig irre ist und schon immer war. Doch sobald du ihm gestattest, zur Ruhe zu kommen und von den Gedanken abzulassen, gelangt er zur Glückseligkeit. Dann brauchst du dich nicht länger durch die Augen anderer zu sehen, sondern wirst eher selbstbezüglich: Du hältst dir selbst den Spiegel vor und entdeckst, wer du bist. »Ich bin« ist dir dann mehr als genug, keinerlei Ergänzung ist erforderlich.

Dieses »Ich bin« ist der heiligste Aspekt deiner Identität. Der Bibel zufolge lautet Gottes Name »Ich bin der ich bin«. Wer ich bin? Ich bin.

Unser Gehirn hat sich unter anderem aus dem Grund so weit entwickelt, damit wir eine Antwort auf die Frage »Wer bin ich?« finden können. Mit einem Gehirn in der Größe einer Erbse – relativ betrachtet – regierten die Dinosaurier die Erde fünfundsechzig Millionen Jahre lang. Aber die natürliche Selektion geht nicht nur nach Muskelkraft und Schärfe der Zähne, sondern auch nach Intelligenz. Welche uns dazu veranlasst, der Frage »Wer bin ich?« couragiert nachzugehen.

Die Philosophen des Ostens sind hierbei die größten Experten. Sie begreifen, dass in der Meditation das rastlose Denken beiseitegeschoben werden muss, damit sich der große Geist erheben kann. Man arbeitet in Schulen des Zen zum Beispiel mit Koans – Rätseln, die uns helfen, das geistige Geplapper zu überwinden. Eines davon lautet »Haben Hunde Buddha-Natur?«. Als ich es zum ersten Mal hörte, schien mir die Antwort auf der Hand zu liegen: Selbstverständlich haben alle lebenden Geschöpfe Buddha-Natur. Doch zu meiner Überraschung schüttelte die Zen-Meisterin den Kopf. Nach einigen weiteren Fehlversuchen nannte sie mir schließlich die korrekte Antwort: »Wuff!«

Bei der Beschäftigung mit der Frage »Wer bin ich?« reißt du deine intellektuellen und emotionalen Verteidigungslinien sukzessive nieder und machst dich verletzlich. Womöglich trittst du einem Angreifer ungeschützt entgegen, verlierst deinen Job oder eine geliebte Person trennt sich von dir. Und du weißt, dass du das alles überleben wirst. Dieserart Erfahrungen bringen dir dein »Ich bin« zu Bewusstsein. Deshalb ja: Werde ruhig verwundbar, weich wie die Unterseite einer frisch gehäuteten Schlange.

Indem du deine Geschichten von Zorn, Angst, Hunger und Einsamkeit ans Feuer abgibst, entdeckst du das »Ich bin«, weil du nämlich mit keiner von ihnen identisch bist. Genau aus diesem Grund übergeben Schamanen all diese tragischen Geschichten den Flammen. Damit setzen sie das Urlicht frei, das in all diesen schmerzlichen Horrorstorys gefangen ist wie in Holzscheiten.

Realität

Dass die Geschichten, die wir erlebt haben, real sind, wissen wir, weil sie ja schließlich geschehen sind. Irgendwann aber haben wir begonnen, sie auch für wahr zu halten. Dabei stellen sie meistens nur Ausreden dar: Ausreden dafür, dass wir uns Chancen haben entgehen lassen und nicht zu der Person geworden sind, die wir sein könnten. Vergiss nicht: Du kannst entweder erreichen, was du möchtest, oder aber Gründe dafür finden, warum das nicht geht.

Wahr sind diese Geschichten nie, keine Einzige von ihnen. Für dich aber sind sie sehr real.

Lass mich dir ein Beispiel geben: Als Andrea die Ausbildung bei mir aufnahm, war sie Mitte dreißig und der Überzeugung, von ihrem Vater, der einige Jahre zuvor verstorben war, sexuell missbraucht worden zu sein. Nach jahrelanger Psychotherapie und zahlreichen Hypnosesitzungen hatte sie herausgefunden, dass sie als Baby unangemessen berührt worden war, und sah darin den Grund für ihr Unvermögen, mit den Männern, die sie traf, intim zu werden. Als sie ihre alte Mutter darauf ansprach, fiel die zunächst aus allen Wolken. Doch dann lächelte sie und erklärte Andrea, dass ihr Papa aufgrund von Arbeitslosigkeit zwei Jahre lang zu Hause geblieben war und sich um sie gekümmert habe. Allerdings hätte er ihr die Windeln immer falsch gewechselt. Wenn man ein Mädchen untenrum abputzt, muss man in die richtige Richtung wischen, um eine Infektion zu verhindern. (Bei Jungen spielt das keine Rolle.)

Andreas Mama war sich absolut sicher, dass kein Missbrauch vorlag. Ihr Mann hatte sein Töchterchen einfach nur falsch abgeputzt und musste anschließend alles wieder saubermachen.

Andreas Überzeugung, von ihrem Vater unangemessen berührt worden zu sein, entsprach zwar nicht der Wahrheit, war aber für sie durchaus real. Ihr Körper hatte eine Erinnerung an die Berührung ihres Vaters abgespeichert, jedoch die damit verbundene Absicht fehlinterpretiert. An dieser ihrer persönlichen Wirklichkeit hielt sie hartnäckig fest, weil sie ihr zu verstehen half, warum sie nie zu der Intimität finden konnte, die sie sich doch eigentlich wünschte. Die Geschichte vom armen Opfer, das sie vermeintlich war, stellte für sie eine bequeme Ausrede dafür dar, dass sie sich nicht in der Lage sah, eine glückliche Beziehung aufzubauen.

Genauso erkläre ich Patienten, die mit einer schrecklichen Diagnose zu mir in die Praxis kommen, dass es sich dabei nur um eine Geschichte handelt. Und dass sie selbst viel mehr sind als das, nämlich ein Wunder aus Fleisch und Blut. Sie sind weder Ergebnis einer Kernspintomografie noch Resultat einer Blutuntersuchung und auch nichts, was ihnen irgendwann einmal passiert ist. Ganz abgesehen davon, dass wir alle mit einem Todesurteil leben – von Geburt an. (Eines möchte ich an dieser Stelle sicherheitshalber doch hinzufügen: Das Ignorieren einer Diagnose trägt absolut nichts zu deren Transformation bei. Es geht vielmehr darum, kreativ mit ihr umzugehen – sei es mithilfe der Schulmedizin oder anderer geeigneter Heilmethoden.)

Wir können die Geschichte verändern, müssen sie aber vorher dem Feuer übergeben.

Wo aber kannst du ein solches heiliges Feuer entzünden, um ein Ritual durchzuführen, bei dem du von Altem loslässt und Neues an dich heranlässt? Nun, bei dir im Hof geht es, im Kamin, mit einer Kerzenflamme oder aber rein in der Fantasie. Es kommt nur darauf an, nie zu vergessen, dass in jedem Feuer das Urlicht erstrahlt. Und dass es auch dieses Licht ist, das dich von den Dramen deiner Vergangenheit befreit. Du kannst den Flammen jedwede Identität übergeben, die dir zu klein geworden ist – eine schlimme Diagnose oder die Geschichte deiner Kindheit – und aus ihrem Licht die Kraft und die

Stärke beziehen, die du brauchst, um dein Leben neu herbeizuträumen.

Versuch zu Hause doch mal Folgendes: Zünde eine Kerze an und puste die Geschichte, die dich aktuell belastet – was immer es auch sein mag –, in einen Zahnstocher. Anschließend hältst du ihn so lange über die Flamme, bis er Feuer fängt, und malst dir dabei aus, wie die Geschichte rückstandslos verbrennt.

Schamanen vergleichen dieses Ablegen der Vergangenheit mit der Art und Weise, in der Schlangen ihre Haut abstreifen.

Dabei müssen wir jedoch unbedingt darauf achten, dass es unsere eigene Schuppenhaut ist, die wir abstreifen. Denn Träume, die einer fremden Geschichte entliehen sind, lassen sich nicht transformieren.

Vor Jahren bin ich mal im amerikanischen Südwesten, genauer gesagt im Canyon de Chelly, auf eine alte Navajo-Medizinfrau getroffen, mit der ich mich im Laufe der Zeit richtiggehend anfreundete. Als sie sich nach meinem Leben erkundigte, erzählte ich ihr von meinem Vater, der während meiner Jugendjahre praktisch nie zu Hause war, und dass ich schon immer nach einem positiven Männerbild gesucht habe.

Sie nickte zustimmend, als ich fertig war, und daraufhin bat ich sie, mir auch ihre Lebensgeschichte anzuvertrauen. »Ich bin die Felswände des Red Rock Canyon, ich bin der Wüstenwind. Und das Kind, das heute im Reservat nichts gegessen hat, bin ich auch.«

Das hat mich schier umgehauen. Was für eine faszinierende Geschichte! Viel besser als meine vom »Jungen auf der Suche nach seinem Papa«.

Einige Tage später auf dem Rückflug nach Los Angeles: Kurz vor der Landung setzte sich ein Mann zu mir und bat mich, ihm etwas über mich zu erzählen. Ich begann mit den Worten: »Ich bin die Felswände des Red Rock Can…«

Er warf mir einen Blick zu, als hätte ich sie nicht alle, stand auf und ging. Schneller als ich »Wüstenwind« sagen konnte, war er vier Reihen weiter nach hinten verschwunden.

Der Mann hatte gemerkt, dass die Geschichte, die ich ihm aufgetischt hatte, weder Tiefe noch Substanz besaß. Bei dem Versuch, mir etwas Beeindruckenderes einfallen zu lassen als das Leben, das ich tatsächlich führte, hatte ich mir eine Story ausgeborgt, die einfach nicht die meine war. Mir hatte es schlicht und ergreifend an Mut gefehlt, mir einen neuen Traum zu erschaffen. Und diesem Mann war das nicht verborgen geblieben.

Meine Geschichten handelten von Zorn, Einsamkeit, Angst und der Gier nach Dingen, von denen ich dachte, dass sie mir fehlten. Erst nachdem ich sie ins Feuer gegeben hatte, konnte ich von der Geschichte zum Geschichtenerzähler werden. Von der Krankheit zu einem Heilmittel.

Die Seher von einst errichteten Scheiterhaufen, um ihre persönlichen Biografien darin zu verbrennen, und sie behielten ihre Geschichten zwar in Erinnerung, ließen sich aber nicht mehr von ihnen belasten.

Und das alles beginnt mit der Frage »Wer bin ich?«

Nachdem du viel Zeit auf die Entdeckung verwendet hast, dass weder dein Name noch deine Staatsangehörigkeit oder dein Geschlecht dich definieren – alles Dinge, die zwar real sind, aber keinerlei Wahrhaftigkeit besitzen –, verstehst du allmählich, dass das, was du für dein Leben und deine Identität gehalten hattest, nur ein Tagtraum war.

Du verabschiedest dich von der Notwendigkeit, das »Ich bin« auf irgendeine Weise zu ergänzen, weil du erkennst, dass schon allein darin die vollständige Aussage liegt.

Du brauchst kein loderndes Feuer, um alle deine Geschichten zu verbrennen. Denn mal angenommen, du dürftest in einem Dorf in den Hochanden an einer höchst ausgefeilten, kraftvollen Feuerzeremonie teilnehmen: Solltest du bloß die Bewegungen des Ins-Feuer-Gebens deiner Geschichten nachvollziehen, würdest du als genau derselbe Mensch wieder aus den Bergen herabkommen, als der du sie einige Tage zuvor erklommen hast. Absolut nichts hätte sich verändert. Zum Geschichtenerzähler wärst du immer noch nicht geworden.

Das heilige Feuer des »Ich bin« entzündest du in deinem Herzen, dem großen Trommler deines Körpers. In seiner Stille kannst du deine eigene heilige Zeremonie abhalten. Und im Grunde finden hier sowieso alle heiligen Zeremonien statt, im Rhythmus deines Herzschlags.

Wir setzen die Vergangenheit ganz bewusst in Brand, damit uns das Leben nicht hinterrücks damit überfällt. Genau wie die Indianer der Großen Ebenen Nordamerikas regelmäßig das Unterholz der Wälder abfackeln, damit kein wild rasender Sturm das ganze Gelände dahinrafft, ist es auch für uns am besten, wenn wir unsere Geschichten als Fidibusse verwenden, um uns von der Vergangenheit zu befreien und das Feuer zu entzünden, das uns für die Zukunft öffnet.

Dein ganzes Leben wird von dieser Übung entflammt werden. Womit ich nicht sagen will, dass sich deine Vergangenheit dabei auf magische Weise in Luft auflöst und du über Nacht zu einem ganz neuen Menschen wirst. Doch du wirst erkennen, dass du weder mit einer deiner Erfahrungen identisch bist noch mit den Storys, die du dir und anderen erzählst. Das Produkt einer unglücklichen Kindheit? Sohn oder Tochter alkoholkranker Eltern? Überlebender einer schweren gesundheitlichen Krise? Nichts davon bist du.

Du bist dann nicht länger der Traum, sondern wirst zum Träumer, nicht länger die Geschichte, sondern der Geschichtenerzähler.

Du wirst beschützt und in Sicherheit sein, weil es absolut nichts mehr gibt, was man dir noch wegnehmen könnte, nicht einmal deinen Namen oder deine Lebensgeschichte.

Kapitel 7

Den Traum von der Beständigkeit transformieren, die Unendlichkeit entdecken

Spätestens am Tag, nachdem du das »Ich bin« entdeckt hast, erkennst du auch, dass du irgendwann einmal nicht mehr sein wirst.

Dass du aufhören wirst, du zu sein.

Für jeden von uns kommt irgendwann der Moment, in dem uns bewusst wird, dass alles ein Ende hat – dass Blumen welken, geliebte Haustiere sterben, die Großeltern alt werden und das Zeitliche segnen. Tod und Ausklänge sind unvermeidlich. Selbst mächtige Reiche zerfallen. Real aber fühlt sich das finale Ende erst an, wenn du erkennst, dass nicht nur die anderen sterben müssen, sondern auch du.

Als Junge hat mir die ewige Verdammnis schwer zu schaffen gemacht, die dem christlichen Glauben zufolge den Heiden und allen droht, die sich nicht an die Gebote halten. Später bin ich dann zwar auch mit Jesu Lehren über Liebe und Vergebung in Kontakt gekommen, doch das vermochte die Ängste meiner Kindheit nicht zu lindern.

Der Tod ist immer an deiner Seite. Wie dein Schatten folgt er dir überallhin. Und genauso, wie du diesen erst bei einer plötzlichen Veränderung der Lichtverhältnisse wieder wahrnimmst, hast du dir wahrscheinlich auch abgewöhnt, die Präsenz des Todes zu spüren – bis er unerwartet jemanden ereilt, der dir nahesteht.

Doch leugnest du den Tod, ignorierst du ihn oder siehst in ihm etwas weit in der Zukunft Liegendes, wird er irgendwann anfangen, dich zu verfolgen. Mit einem Mal erblickst du ihn aus dem Augenwinkel heraus in deinen älter werdenden Freunden. Und es kommt dir wie ein schlechter Traum vor, wenn du ihn irgendwann auch im eigenen Spiegelbild erkennst. Gelingt es dir allerdings, den Traum von der Beständigkeit zu transformieren, kann der Tod zu deinem Verbündeten werden und dich davor bewahren, dass du kostbare Lebenszeit auf alle möglichen Versuche verschwendest, ihn zu vermeiden.

Wie du den Traum von der Beständigkeit transformieren kannst

Sobald du das »Ich bin« entdeckt hast, nimmst du auch den Tod wahr, der hinter der nächsten Ecke schon auf dich wartet. Das ist auch einer der Gründe dafür, dass so viele von uns den Zorn auf ihre Eltern oder Leute, die ihnen Unrecht getan haben, nie überwinden. Es sorgt dafür, dass sie meinen, sich bis ans Ende aller Tage an ihrer schrecklichen Kindheit abarbeiten zu müssen. Manche sind ihren Eltern noch mit über fünfzig böse. Das ist doch irre, oder?

Was für ein Schock zu entdecken, dass sich dieses »Ich bin«
im Fluss der Zeit abspielt, der über kurz oder lang ins Meer
mündet, in den Tod, die Vernichtung. Und aus »Ich bin« wird
»Ich bin tot«. Finito. Diese Reise überlebt niemand. Niemand
schafft es heil ans andere Ufer.

Die einzige Möglichkeit des Überlebens besteht also darin,
zu einem *Niemand* zu werden.

Und *niemand* wirst du, indem du alle *Ich-bin-dies-oder-das*-
Geschichten löschst und deinem Atem in die Unendlichkeit
folgst. Um den Traum von der Sicherheit zu transformieren,
befreien wir uns von den vier toxischen Emotionen. Als
Nächstes müssen wir alle Rollen aufgeben, die wir im Leben
spielen. Alle diese Geschichten müssen weg, ausnahmslos: Ich
bin eine Frau, ein Mann, Mutter, Vater, Liebende, Schriftstelle-
rin, Autor, Schamane, Schamanin, Freund, Freundin, ein guter Mensch. Denn die einzige Möglichkeit, aufzuwachen und
den Traum von der Beständigkeit zu transformieren, besteht
darin, zu erkennen, dass du nichts von alldem bist.

Die Anfänge des Inkareichs

Der Aufstieg des Inkareichs ging mit dem Aufeinandertreffen
der vier Technologien einher. Vom Volk der Nazca an der
Küste borgten sich die Inka die Kunst des Webens und des
Brennens feiner Keramiken. Von den Aymara am Titicacasee
erlernten sie Architektur und das Behauen gewaltiger Monoli-
then zum Zwecke der Errichtung von Anlagen wie Machu Picchu. Der Wari-Kultur entliehen sie die Technik des Terrassie-
rens öder Berghänge und schauten sich ab, wie man diese in

fruchtbare Gärten verwandelte. Von den Amazonasschamanen erfuhren sie von der Reise, die uns über den Tod hinaus in die Unendlichkeit führt. Sie erfuhren, dass wir uns auf einer endlosen Exkursion durch die Sterne befinden.

Ich hatte mir vorgenommen, Don Manuel über das Leben nach dem Tod zu befragen – jenen Glauben, der ein fester Bestandteil der andinen Weisheit ist, für Novizen unsichtbar, jedoch von grundlegender Bedeutung. Wie er denn so sicher sein könne, dass nach dem Tod tatsächlich noch etwas komme; und, wenn ja, woher er wisse, dass das nachfolgende Leben besser sei als das gegenwärtige, irdische?

Wir befanden uns in Paucartambo am Fuße der Berge, in denen sich die Q'ero-Dörfer zwischen jahrtausendealten Gletschern versteckten. Wir hatten unser Lager am Ufer des Río Mapocho aufgeschlagen und wollten uns am nächsten Tag auf den Treck zum Ausangate hoch begeben, zu Pferd ein etwa einwöchiger Weg.

»Dein Meister ist von den Priestern erzogen worden«, sagte Don Manuel. Er und mein Mentor Don Jicaram waren enge *compadres* gewesen. Doch im Gegensatz zu Manuel, der in einem der Bergdörfer aufgewachsen war, verbrachte mein Mentor seine Kindheit in einem katholischen Waisenhaus und fegte die Kirchen von Cusco. Alljährlich im Sommer begab er sich in die Q'ero-Dörfer, um seine Ausbildung zum Schamanen zu absolvieren.

»Dein Meister war ein Dickkopf, genau wie du«, erklärte der alte Mann. »Und clever. Ihm war aufgefallen, dass die römisch-katholische Kirche jedem das ewige Leben versprach, egal, wo er endete. Als guter Katholik kamst du in den Himmel und damit – schwuppdiwupp! – in die Ewigkeit. Nicht anders, wenn man in der Hölle landete. Dort blieb man auch bis ans Ende aller Tage. So oder so ging es immer weiter, und niemand würde je zu existieren aufhören.«

»Damit wäre der Tod raus aus der Gleichung«, sagte ich. »Egal, wo man es hingebracht hätte, an den Strand oder auf die falsche Seite der Gleise.«

Verwirrt schaute mich Don Manuel an. Er war nie am Meer gewesen, hatte auch nie einen Strand gesehen, nicht einmal im Fernsehen, und eine Eisenbahn gab es in der Nähe seines Dorfes ebenfalls weit und breit nicht. Doch dauerte es nur ein Momentchen, bis er meine Metapher verstanden hatte.

»Für uns verhält es sich anders«, erklärte er. »Uns verspricht niemand, dass wir ewig an ein und demselben Ort bleiben. Es ist eher wie bei den Jaguaren. Verstehst du?«

»Nein«, musste ich zugeben.

»Katzen haben je bekanntlich neun Leben«, erklärte er und schaute mich eindringlich an, als wäre damit alles gesagt.

Ich erwiderte, dass auch das nur eine Metapher sei. »Und wenn eine Katze einmal getötet wurde, bleibt sie auch tot«, fügte ich hinzu.

»Katzen haben eine kollektive Seele, sodass, wenn eine stirbt, ihr Kawsay« – die Lebenskraft beziehungsweise Seele – »in die Lichtsphäre ihrer Spezies zurückkehrt. Genauso verhält es sich auch mit allen anderen Tieren, sogar mit denen, die schon längst nicht mehr existieren, wie zum Beispiel den Dinosauriern. In der geistigen Welt lebt deren Kawsay weiter. Deine Katze hier mag gestorben sein, in der geistigen Welt aber ist sie weiterhin lebendig. Allerdings handelt es sich nicht mehr um deine oder meine oder die Dorfkatze. Ihre gesamte Geschichte ist ausgelöscht. Doch von ihrem Kawsay nimmt die nächste Katze, die geboren wird, ein Tröpfchen mit und trägt es bis zu ihrem Lebensende in sich. Menschen dagegen haben keine Gruppenseele. Unsere ist individueller Natur. Nach dem Tod begeben wir uns in die Dörfer der geistigen Welt, wo wir von Schamanen empfangen werden, die uns bei der Ausbesserung beziehungsweise Wiederherstellung unserer Seele behilflich sind. Bei ihnen handelt es sich sozusagen um die Hebammen der geistigen Welt. Dieserart Leben haben wir neun an der Zahl und sogar noch mehr, wenn wir gut zu anderen sind und keine Tiere misshandeln. Insgesamt bekommen wir also plus/minus neun Chancen. Wenn du bei diesen Gelegenheiten dein Licht, dein Ti, nicht entdeckst, hörst du auf, zu existieren. Und dein Kawsay wird zu Futter.«

Das schien mir kein unbedingt wünschenswertes Szenario zu sein. »Futter für wen?«, fragte ich vorsichtig.

»Für das Leben!«, rief Don Manuel aus. »Das Leben ernährt sich vom Leben. Erinnerst du dich noch, dass dir dein Meister sagte, wir würden nicht nur herkommen, um Mais anzubauen, sondern auch Götter?«

Ich verstand. Jahre zuvor hatte mir Don Jicaram erklärt, die Erde sei ein Garten, in dem wir die Samen Gottes in uns wachsen lassen könnten. Inkarrí war das Vorbild, er hatte einen Plan hinterlassen, wie wir unsere Göttlichkeit erreichen können. Also erschuf der Mensch Gott und nicht Gott den Menschen.

Um deine Göttlichkeit herauszubilden, hast du plus/minus neun Chancen, je nachdem, wie gut du im vorherigen Leben warst. Anschließend wirst du entweder Laika oder ein Mittagessen.

»Du weißt doch, wer die Pyramiden in Ägypten gebaut hat?«, fragte mich Don Manuel und gab sich auch gleich selbst die Antwort: »Sklaven. Das weiß ich von deinem Meister. Und der hatte es von den Priestern. Auch Monumente der Inka wurden von Sklaven errichtet. Ich kann mir gut vorstellen, wie sie die Steine auf dem Rücken irdene Rampen hochschleppten, während ihnen die Priester eine göttliche Belohnung im Jenseits versprachen, sofern sie nur ordentlich ranklotzten. Nicht anders die Inka. Als Teil der Steuerlast, die sie den Dörfern des Reiches auferlegt hatten, forderten sie die meistversprechenden Kinder jeder Familie ein. Einige von ihnen wurden geopfert, um die Langlebigkeit und Stabilität des Reiches von den Sternen zu erbitten. Die Klugen erlernten Musikinstrumente, lernten Weben, Töpfern und Häuserbau. Die geistig nicht ganz so Fitten schleppten Steine in die Berge hinauf oder dienten in der Armee. Schon die Inka hatten entdeckt, dass ihre Sklaven am härtesten malochten, wenn man ihnen den Himmel versprach. Die spanischen Eroberer setzten noch einen drauf, indem sie nicht nur das Seelenheil in Aussicht stellten, sondern auch allen, deren Arbeitsleistung in den Goldminen zu wünschen übrig ließ, die Verdammnis garantierten. Und das Volk glaubte ihnen.«

»Die Menschen würden alles tun, um sich ihrer Sterblichkeit nicht stellen zu müssen«, sagte ich.

Der alte Mann lächelte verschmitzt. »Dabei kommt hier in Wirklichkeit doch keiner tot raus.«

Unendlichkeit

Das Versprechen, sich das ewige Paradies sichern zu können, stellt einen hübschen Tagtraum dar. Und der Glaube an ein Ende des Leidens und eine Belohnung im Jenseits kann in schweren Zeiten durchaus für eine gewisse Erleichterung sorgen. Eines aber darfst du nie vergessen: Letzten Endes werden alle Tagträume, selbst die schönsten, zu einem Albtraum. So kannst du dich etwa leicht im Tagtraum von der Beständigkeit verfangen und glauben, dass dir das ewige Leben im Paradies sicher ist, solange du die Unannehmlichkeiten deines gegenwärtigen Lebens erduldest oder die Widersacher deines Gottes erlegst und dein Glauben stark genug ist.

Aber du weißt ja schon: Sobald wir den Traum von der Beständigkeit transformieren, indem wir die Illusion der Unsterblichkeit ablegen, entdecken wir das Leben im Tod und den Tod im Leben. Wir realisieren, dass die drei Phasen unseres Lebens – Geburt, Aufwachsen und Erwachsensein, Alter – längst nicht alles sind. Vielmehr sind wir auf dem Fluss der Zeit unterwegs und werden geboren und wiedergeboren.

Wir entdecken die Unendlichkeit.

In einer traditionellen Gesellschaft kann man die Unendlichkeit in den Übergangsriten entdecken, die symbolisch für Tod und Wiedergeburt stehen. Frauen haben die Chance, ihre Initiation zu durchleben, indem sie Kinder zur Welt bringen und begreifen, dass ihr Körper in der Lage ist, neues Leben zu erschaffen. Bei jungen Männern entspricht dem oft das erste Wild, das sie erlegen und mit ins Dorf zurückbringen, damit sich alle daran laben können. Leben und Tod. Untrennbar miteinander verbunden. Für uns, die wir in der modernen Welt leben und weder Geburten als heilige Übergangsriten betrachten noch in die Natur gehen, um dort Essen für den gesamten Stamm zu jagen, ist die Entdeckung der Unendlichkeit viel schwieriger.

Immerhin aber haben wir – mehr oder weniger – neun Versuche frei.

Der Traum vom Leben nach dem Tod

Der Traum von der Beständigkeit ist ein Hirngespinst. In diesem Traum präsentiert sich der Tod einfach als Portal in eine andere Wirklichkeit, in der wir weiterexistieren. Das »Ich bin« wird bis in alle Zukunft fortbestehen, im Himmel beziehungsweise Paradies der Christen, im buddhistischen Zyklus der Wiedergeburten oder auf dem Olymp. Die Idee der persönlichen Unsterblichkeit hilft, das Grauen zu lindern, von dem wir ergriffen würden, sollte unser Tod endgültig sein.

Lange Zeit über präsentierte uns die Religion einen detailliert ausgetüftelten Plan der Unsterblichkeit. Warst du ein sehr guter Mensch, solltest du in den Himmel kommen. Warst du nicht ganz so tugendhaft, verfügtest aber über akzeptable Eigenschaften, winkte dir immerhin noch das Fegefeuer. Und solltest du ein echt schrecklicher Mensch gewesen sein, war dir ein Plätzchen an einem sehr heißen, ausgesprochen unangenehmen Ort sicher. Aber egal, irgendwo würdest du landen. Du könntest immer noch zweifelsfrei behaupten »Hier bin ich«. Was allemal besser wäre, als keinen Ort zu haben, an dem man sein könnte.

Im 20. Jahrhundert verlor die Geschichte unseres Weiterlebens nach dem Tod an Überzeugungskraft. Angesichts der aufkommenden modernen Naturwissenschaften ließ unser Vertrauen in die Religion sukzessive nach. Schließlich war nun erwiesen, dass die Erde nicht den Mittelpunkt des Universums darstellt. Menschen und Dinosaurier haben darüber hinaus auch nicht den Planeten vor sechstausend Jahren gemeinsam bewohnt. Sollte uns die Religion unter diesen Umständen noch eine verlässliche Orientierung für das Jenseits bieten können?

Sobald wir den religiösen Vorstellungen vom ewigen Leben nicht mehr verschrieben sind, entwickeln wir unsere eigenen Unsterblichkeitsprojekte. Mein liebstes ist das: »Ich habe keine Zeit zum Sterben.« »Vor meinem Tod habe ich noch viel zu viel anderes zu erledigen« finde ich auch nicht schlecht. Die Menge der noch offenen Punkte auf unserer To-do-Liste sollte Gott doch eigentlich deutlich genug machen, dass es zum Sterben für uns noch viel zu früh wäre. Oder?

Besonders gut gefällt mir auch: »Da muss es sich aber um einen Irrtum handeln.« Der Betreffende war doch noch viel zu jung, um tödlich zu verunglücken. Oder: Ihr Arzt war sich ganz sicher, dass sie trotz ihrer Krebserkrankung noch Jahrzehnte zu leben hatte.

Andere verlassen sich bei ihrem Unsterblichkeitsprojekt auf die Wissenschaft und legen fest, dass ihr Körper (oder wenigstens der Kopf, wenn sie sich mehr nicht leisten können) so lange eingefroren werden soll, bis ein Medikament gegen ihre Krankheit oder das Alter gefunden wurde. Wieder andere sind der festen Überzeugung, dass wir eines Tages in der Lage sein werden, uns in die Cloud hochzuladen und nach dem Absturz unserer schmuddeligen Körper auf ewig in der virtuellen Realität weiterzuleben.

Während du das Buch liest, denkst du vielleicht: »Diese schamanischen Theorien sind mir viel zu nihilistisch.« Oder: »Das widerspricht nun aber echt allen meinen Überzeugungen.« Aber lass uns die Lehren der Schamanen erst noch weiter erörtern.

Tod als Krankheit

Im Umgang mit ihren Patienten mussten die Weisen einst feststellen, dass Krankheiten nicht nur unangenehm waren, sondern dass man an ihnen sterben konnte. Der Tod war unvermeidlich. Oder jedenfalls schien es so. Und in dem Maße, in dem sie ihr Wissen über Heilpflanzen und -methoden, die gegen Erkrankungen halfen, erweiterten, nahmen sie auch den Tod aufs Korn.

Sie versuchten es mit allen ihnen zur Verfügung stehenden Mitteln – Pflanzen, Zaubersprüchen, Gesängen, Zeremonien –, mussten aber feststellen, dass keines in der Lage war, den Tod auf Dauer fernzuhalten. Irgendwann ereilte er jeden. *Die Zeit war das Problem.* Sie lief ab, und alles Gute fand ein Ende, auch der Mensch. Also machten sie sich auf, das Problem der Zeit zu lösen.

Und entdeckten die Unendlichkeit.

Indem sie sich von der Zeit lossagten, besiegten sie den Tod. Er wurde zu einem Freund, zu einem Gefährten, der uns lehren kann, jeden Moment zu genießen, jeden Atemzug voll auszukosten. Zwar war die Reise als solche endlich, dieser Moment aber würde sich nie wieder einstellen.

Die Unendlichkeit unterscheidet sich ganz wesentlich von der Ewigkeit, die uns die Religion verspricht – ständiges Leiden oder unablässige Ekstase. Die Ewigkeit ist eine endlose Anzahl von Momenten, aber immer noch im Fluss der Zeit. Die Unendlichkeit dagegen steht vor der Zeit und weist über sie hinaus. Der Fluss der Zeit, ewig wie er ist, fließt durch die Täler und Wiesen der Unendlichkeit.

Teilchen? Feld?

Alles im Universum existiert entweder als Materie oder als Energie, erklärt Albert Einsteins erstaunliche Formel $E=mc^2$. Im Zustand der Materie, M, sind die Elektronen Partikel, Teilchen, und nehmen einen gewissen physischen Raum ein. Sie haben Gewicht, Geschwindigkeit, Impuls, Beschleunigung und gehorchen den newtonschen Gesetzen der Mechanik.

Im Zustand der Energie, E, in Einsteins Gleichung auf der linken Seite, stellen die Elektronen ein Feld dar. Sie beanspruchen zwar einen gewissen physischen Raum und verfügen über Energie, befinden sich aber an keinem bestimmten Ort (sie könnten überall sein) und haben weder Gewicht noch Geschwindigkeit, Impuls oder Beschleunigung. Und den newtonschon Gesetzen gehorchen sie auch nicht, sondern denen von Einsteins spezieller Relativitätstheorie. Am vertrautesten sind uns wohl das magnetische Feld und der Umstand, dass sich eine Kompassnadel mithilfe eines einfachen Magneten aus einigen Zentimetern Entfernung bewegen lässt.

Elektronen können sich sowohl wie Teilchen als auch wie Felder verhalten. Wir Menschen haben ebenfalls einen Teilchenaspekt – unseren Körper. Darüber hinaus jedoch verfügen wir auch über einen Feldaspekt: das leuchtende Energiefeld, das den Körper umgibt. Wie bei Elektronen hält sich deine Teilchenversion immer an einem bestimmten Ort auf. Im Feldzustand allerdings kannst du überall sein. Dann breitet sich deine Energie bis in die weitesten Fernen der Galaxie aus und darüber hinaus.

Ich *bin* überall und alles.

Du kannst überall sein, sowohl eng verflochten als auch identisch mit dem Urlicht.

Die Unendlichkeit existiert außerhalb der newtonschen Gesetze. Für Newton (wie für Laien, die die Welt beobachten) handelt es sich bei Zeit und Raum um voneinander getrennte Phänomene.

Du könntest im Raum von A nach B reisen, während sich die Zeit scheinbar durch dich hindurch bewegen würde und du von Tag zu Tag weiter altern würdest. Einstein nun revolutionierte die Physik mit seiner Behauptung, in der speziellen Relativität seien die drei Dimensionen des Raums mit der Zeit zu einem vierdimensionalen Netz verknüpft, der sogenannten Raumzeit. Wie bereits erwähnt, sprachen die alten Weisen in diesem Zusammenhang von *pacha* wie in Pachamama (= Mutter Erde, aber auch Erd-Zeit): Pacha ist das alte Konzept der unendlichen Raumzeit.

Wir neigen zwar dazu, die Unendlichkeit mit der Zeit in Verbindung zu bringen, korrekt aber ist das im Grunde nicht. Denn die Zeit besteht aus berechenbaren Momenten, die in einem bestimmten Rhythmus und mit einer bestimmten Geschwindigkeit aufeinanderfolgen. Die Unendlichkeit dagegen lässt sich weder steuern noch eingrenzen.

Die Laika lernten, die Welt in der Unendlichkeit herbeizuträumen, in der man die Dinge zurechtrücken konnte, bevor sie in eine Zeit und einen Raum gegossen wurden. So vermochten sie dem Schicksal eine andere Richtung zu geben. Solange wir uns im Teilchenzustand befinden und überzeugt sind, bloß Körper zu sein, können wir nichts von dem wahrnehmen oder bewirken, was nur im Feldzustand möglich ist, wir können also zum Beispiel weder die Geschicke eines Menschen verändern noch die eines Dorfes.

Vor Jahrhunderten nun beschlossen die Laika, solange außerhalb der Zeit zu bleiben, bis der richtige Moment zur Rückkehr gekommen war. Sie verschwanden buchstäblich von der Bildfläche der sichtbaren Welt. Statt weiterhin in physischer Gestalt geboren zu werden, verblieben sie im Feldzustand der grenzenlosen Möglichkeiten. Jetzt aber sind sie zurück – in Fleisch und Blut –, um uns beizubringen, dass wir sehr wohl in der Lage sind, die Zukunft der Welt, in der wir leben, zu verändern.

Warum gerade jetzt? Weil die Erde aktuell am Rand einer großen Katastrophe steht, die alles Leben in Gefahr bringt.

Die Laika konnten aus der Zeit heraustreten, weil sie das Wirken des Urlichts begriffen hatten. Ich will mal versuchen, es dir zu erklären: Wahrscheinlich sind dir die sieben Chakras vertraut, die Energiezentren des Körpers, die sich zwischen dem Steißbein und der Schädeldecke aufspannen. Die Schamanen nun wussten, dass wir noch zwei weitere Chakras haben: eines oberhalb des Kopfes innerhalb unseres Energiefeldes. Man sieht es oft auf Zeichnungen, die den Buddha, Jesus oder ein anderes erleuchtetes Wesen zeigen. Diesen Lichtbogen beziehungsweise »Heiligenschein« bezeichnen wir auch als Seele. Er ist unser achtes Chakra, der Sitz des »Ich bin«.

Das neunte Chakra, das die Schamanen kennen, ist das neunte Energiezentrum im Epizentrum des Kosmos, das wir Geist nennen. Auf diesem Planeten leben beinahe acht Milliarden Seelen, doch *im Geist* sind wir alle eins. Der Geist ist singulär und überall. Er ist das universelle Feld, das wir als Urlicht erfahren. Das neunte Chakra.

Eine der Aufgaben des achten Chakras besteht darin, das körperliche Wachstum im Mutterschoß zu begleiten und unsere Physis nötigenfalls das ganze Leben lang auszubessern. Im Tod laden die unteren sieben Chakras alle Informationen, über die sie verfügen, ins achte hoch – die Geschichten von den Menschen, die wir geliebt, denen wir vergeben, denen wir wehgetan haben und von denen wir verletzt wurden, eben all unsere »Ich bin …«-Märchen. Das achte Chakra ist wie ein goldenes Ei, das vor lauter Infos und Spuren der Vergangenheit schier zu platzen droht. Dieses leuchtende Ei sucht uns die Familie aus, in die wir hineingeboren werden und in der wir die größten Lernchancen haben. Das achte Chakra, das deine Eltern wählt, ist von einer solchen Kraft, dass es sogar imstande ist, zwei Menschen für die eine einzige Liebesnacht zusammenzubringen, der du dein Leben verdankst. Dabei handelt es sich um einen unbewussten Prozess. Du selbst hast keinerlei Einfluss darauf, wo und wann du in welche Familie hineingeboren wirst.

Es sei denn natürlich, du wärest ein Laika oder ein Lama aus dem Himalaja.

Mit all dem ist es wichtig, dass wir die Spuren der Vergangenheit aus unserem Energiefeld eliminieren, um die Zyklen des Unbewusst-in-dysfunktionale-Familien-Hineingeboren-werdens durchbrechen zu können, in denen wir durch Schmerz und Leiden lernen müssen.

Die Laika waren Kinder des Lichts. Das aber sind wir auch. Der einzige Unterschied besteht darin, dass bei einem Laika das Licht, das in ihm fließt, unverfälscht zirkulieren kann. Die Laika konnten die Zeit und den Ort ihrer Rückkehr selbst wählen. Sie traten aus der Zeit heraus und warteten auf den richtigen Moment für ihre Wiedergeburt. Da sie ihr Bewusstsein über den Tod hinaus bewahrt hatten, konnten sie im Feldzustand an Kraft und Weisheit hinzugewinnen. Lebendig oder tot machte für sie keinen Unterschied; sie waren unsterblich. Und sie hatten es keineswegs eilig, ausgerechnet in einer Zeit wiedergeboren zu werden, in der die Eroberer Hexenjagden veranstalteten, die Laika hinter Schloss und Riegel brachten oder sogar gnadenlos folterten. Denn warum hätten sie ausgerechnet darauf eine ihrer kostbaren Inkarnationen vergeuden sollen?

Wir anderen verblieben im Fluss der Zeit, im Teilchenzustand, wurden geboren und starben. Wir hingen – und hängen – in einem Teufelskreis fest, sind unfähig, unser Bewusstsein nach dem Tod mitzunehmen und tun uns sogar schon schwer damit, es vorher nicht ganz zu verlieren. Auf diese Weise verspielen wir die uns zugeteilten etwa neun Leben.

Wir versuchen, unsere Angst vor dem Sterben dadurch zu lindern, dass wir uns einbilden, alles, was wir im Teilchenzustand machen – unsere ganze Geschäftigkeit –, wäre von so großer Bedeutung, dass uns der Tod erspart bliebe.

Da fällt mir ein Zitat aus dem Film *Troja* ein. Odysseus sagt da an einer Stelle: »Uns Menschen verfolgt die schier unermessliche Ewigkeit. So fragen wir uns: Werden unsere Taten die Zeiten überdauern? Werden Fremde unsere Namen hören, lange nachdem wir tot sind, und sich fragen, wer wir waren? Wie tapfer wir kämpften, wie leidenschaftlich wir liebten?«

Und die Antwort auf diese Fragen lautet, sage ich: letztlich nicht. Es sei denn, wir erwachen aus dem Traum von der Beständigkeit, freunden uns mit dem Tod und unserer Sterblichkeit an und werden uns unseres grenzenlosen Wesens umfassend bewusst.

Wohin gehen wir von hier aus?

Wir sehen genau, dass das Leben endet – das von Tieren, Pflanzen, anderen Menschen. Doch in unserem Traum von der Beständigkeit und Unsterblichkeit sind wir irgendwie der Überzeugung, dass uns persönlich der Tod nie ereilen wird. Als Teenager hätten sich nur die wenigsten von uns vorstellen können, jemals sterben zu müssen. Mit ein paar Bier zu viel auf einer spiegelglatten Landstraße unterwegs, angefeuert von den Freunden? Wo soll denn da das Problem sein? Schließlich sind wir doch gegen den Tod immun oder etwa nicht?

Es ist wie mit dem Altwerden. Natürlich wissen wir, dass alle alt werden. Doch wenn wir dann in den Spiegel schauen und das erste Fältchen oder graue Haar bemerken, das gestern noch nicht da war, fallen wir aus allen Wolken. Da kann es sich nur um einen Fehler handeln. Uns – *mir* – passiert sowas doch nicht!

Es passiert aber eben doch.

Letztlich kann man alle architektonischen Errungenschaften der Menschheit – angefangen bei den Pyramiden in Ägypten über die großartigen Tempel in Machu Picchu bis hin zu unseren modernen Wolkenkratzern – auch als grandiose Versuche betrachten, den Schrecken unserer Sterblichkeit etwas abzumildern. À la: Mich mag der Tod holen, meine Werke aber werden überleben.

Als Kind fragte ich meine Großmutter oft: »Wo gehen wir denn von hier aus hin? Was *wird* aus mir?«

Ich hatte schreckliche Angst, dass ich aufhören würde, zu existieren, dass der kleine Alberto nicht mehr da wäre und dass ich meinen Hund nicht mehr würde sehen können, nachdem er das Zeitliche gesegnet hatte. Schon in ganz zartem Alter wollte ich nach dem Tod unbedingt weiterleben.

Greifbare Hinterlassenschaften können künftige Freude machen – Menschen, die sich womöglich für die Geschichte des betreffenden Gebäudes oder Kunstwerks interessieren. Und sicher, der Wunsch, etwas zu erschaffen, was die Zeiten überdauert, ist verständlich. Wer würde schließlich nicht gern für immer in Erinnerung bleiben? Doch der Traum von der Beständigkeit hindert uns daran, den schönsten Aspekt des Lebens zu erfahren: seine Vergänglichkeit. Die Lebensdauer einiger Schmetterlingsarten beträgt einen einzigen Tag. Es gibt Kakteen, die nur in einer Nacht für wenige Stunden erblühen. Und genau das macht sie zu etwas ganz Besonderem. Ein Sonnenstrahl auf deinem Gesicht, Frühstück mit einem geliebten Menschen, das Lächeln eines Kindes. Dieser Moment jetzt kommt nie wieder. Der Atemzug, den ich gerade nehme, ist deshalb so kostbar, weil er in Sekundenschnelle vergangen sein wird. Verwenden wir viel Zeit auf die Zukunft und die Frage, ob wir wohl auch etwas hinterlassen werden, was unserem aufgeblasenen Ego entspricht, verpassen wir das Beste, nämlich die Momente, aus denen sich unsere kostbare Lebenszeit zusammensetzt.

Sobald wir den Traum von der Beständigkeit transformieren, lernen wir, den Augenblick zu lieben, und können furchtlos präsent sein. Der Tod kann uns sogar zu einem engen Verbündeten werden, der uns daran erinnert, die Gegenwart bewusst zu erleben und sich nicht in Träumen von einer besseren Zukunft zu verlieren, in der wir für all unsere Mühen und die Opfer, die wir gebracht haben, entschädigt werden.

Wie später auch die tibetischen Buddhisten glaubten die Schamanen im Himalaja an die Transformation des Traumes von der Beständigkeit, hielten Vorträge über Vergänglichkeit und die Mitnahme des Bewusstseins über den Tod hinaus. Die Bezeichnung dafür lautete *Phowa*.

Aus dem Traum erwachen und ihn transformieren

Um aus dem Traum von der Unvergänglichkeit aufwachen zu können, müssen wir unser persönliches Unsterblichkeitsprojekt erkennen und es loslassen – dem Feuer überantworten.

Dies bewerkstelligen wir, indem wir fragen: »Wer stirbt?«

Alberto wird sterben.

Der Alberto in diesem seinem Körper, der zu ungefähr siebzig Prozent aus Wasser besteht und sich aus siebzig Milliarden Zellen zusammensetzt, von denen vierzig Milliarden Bakterien sind, die in ihm (vor allem im Darm und auf der Haut) wohnen, wird wieder zu Erde werden. Zu Futter für Millionen von Mikroben, zu gutem Mutterboden. Teil der Pflanzenwelt, der Berge und der Ströme wird er werden.

Alberto wird nicht von Dauer sein. Er wird sterben.

Ich werde diesen meinen Namen verlieren, wie ich schon so viele andere Namen wieder verloren habe, unter denen man mich einmal kannte. Wie schon viele andere Lebensgeschichten, die ich nach Kräften versucht habe, zu bewahren, zu pflegen und so lange wie irgend möglich zu genießen, werde ich auch meine gegenwärtige abstreifen.

Aber mein Licht – das wird bleiben. Das, was als *Lichtkörper* bekannt ist. Das achte Chakra. Es wird weiter unterwegs sein in Richtung Unendlichkeit, eins mit dem Urlicht, aber nicht in ihm verloren; es wird nicht verlöschen.

Der, der du in diesem Augenblick bist, wirst du nie wieder sein. Am Ende deines Lebens wird sich der Lichtkörper von deiner physischen Gestalt abtrennen und den Geschichten deiner Vergangenheit nachgehen. Zug um Zug wirst du dich sowohl an die Menschen wenden, die du geliebt hast, als auch an diejenigen, die dir wehgetan haben, um dich zu verabschieden, ihnen zu vergeben oder um zumindest den Versuch zu unternehmen, ihnen zu sagen, dass du sie liebst und ihnen verzeihst.

Eines aber möchte ich unbedingt noch hinzufügen: Im Feldzustand ist es ausgesprochen schwer, so etwas wie »Ich liebe dich« oder »Ich verzeihe dir« zu sagen. Deshalb bist du gut beraten, solcherart Dinge auszusprechen, solange du noch einen physischen Körper hast – im Zuge des Abstreifens der Geschichten und der Transformation des Traums von der Beständigkeit.

Die Geschichten, von denen du dich zu Lebzeiten nicht befreit hast, werden dich auch nach deinem Tod noch verfolgen. Deshalb ist es so wichtig, den Traum von der Sicherheit restlos zu transformieren. Dann erkennst du, dass du mit keiner dieser Geschichten identisch bist und dass sich dir keine der Tragödien deines Lebens tiefer eingeprägt hat, weil sie zwar alle real waren, aber nicht wahr.

Sobald du das nächste Holzscheit ins Feuer legst, achte bitte darauf, wie die Flammen die Bündel von Sonnenstrahlen freisetzen, die sich im Laufe der Jahre mit der Erddrehung um den Stamm des Baumes gewickelt haben. Ganz ähnlich setzen auch wir unser Licht frei, wenn wir sterben. Unser physischer Körper, die Asche, kehrt in die Erde zurück. Was bleibt, ist unser Licht.

Und damit keine Missverständnisse aufkommen: Wir *haben* keinen Lichtkörper. Vielmehr verhält es sich genau umgekehrt. Unser Lichtkörper nimmt für die kurze Zeit, die er auf diesem Planeten verbringt, eine physische Gestalt an. Das »Ich bin« bleibt. Nicht als Ensemble von Attributen, Charakteristika, Leistungen, sondern als Essenz. Als leuchtendes Ei, als dein achtes Chakra, frei von jeglichen Spuren der Vergangenheit, die dir eine weitere Geburt und ein Leben voller tragischer Geschichten von Liebe, Verlusten und Verzweiflung aufdrängen würden.

Aber Momentchen mal. Hört sich das nicht genau wie die Story an, die die Eroberer den Indios angedreht haben? Die vom Himmel, die sich die Christen erzählten? Ja und nein. Zunächst einmal war der christliche Himmel für Indios nicht zugänglich, weil im 16. Jahrhundert alle Welt davon ausging, dass weder Indios noch Frauen eine Seele haben. Insofern stellte das Predigen vor Indios nur eine Art Sport dar: Denn um gerettet zu werden, hätte man eine Seele haben müssen. Ein Argument, das übrigens auch als Ausrede dafür diente, dass sich die Indios auf den Feldern halb totschuften mussten: Sie hatten eben keine Seele – ebenso wenig wie alle anderen (Arbeits-)Tiere.

Zweitens blieb der christliche Himmel Nichtchristen verschlossen. Und er öffnete sich – drittens – erst nach dem Jüngsten Gericht am Ende aller Tage.

Das hielten die Laika für eine doch recht lange Wartezeit.

Und last, aber keineswegs least, gingen die Laika nach ihrem Tod überhaupt nirgends, sondern überall hin.

Woher ich weiß, dass diese Idee nicht einfach ein weiteres Unsterblichkeitsprojekt darstellt, das zwar weniger kompliziert ist als die anderen, letztlich aber doch auch nur ein Versuch, der Konfrontation mit dem Tod aus dem Weg zu gehen? Und woher ich weiß, dass es sich hier nicht um althergebrachte Religion in neuen Schläuchen handelt?

Ganz einfach. Du kannst es selbst herausfinden. Und es wird dein ganzes Leben auf den Kopf stellen. Du musst dich nicht auf die Behauptungen anderer Leute verlassen. Du kannst es vielmehr verifizieren, indem du dich auf ein Experiment einlässt, das unter vielen Namen bekannt ist, auch dem der »Meditation«.

Viele von uns haben schon irgendwann einmal versucht, zu meditieren, dann aber wieder damit aufgehört. Weil wir viel zu beschäftigt waren. Warum wir so beschäftigt waren, dass wir nicht einmal wenige Minuten pro Tag erübrigen konnten? Einer der Gründe: Sobald wir auch nur einen Moment lang innehalten würden, müssten wir uns der Tatsache stellen, dass unsere Lebenszeit nicht unbegrenzt ist.

Wenn du mit dem Meditieren anfängst, fokussierst du dich auf einen einzigen Punkt, zum Beispiel eine Blume oder eine Kerze, gern auch auf deinen Atem – oder auch etwas anderes, je nach der Technik, die du anwenden möchtest.

Nach einer Weile werden ganz von selbst Fragen auftauchen wie »Was stirbt?« und »Werde auch ich sterben?«.

Zunächst werden diese Fragen unangenehme Gefühle in dir aufkommen lassen, womöglich wirst du traurig, empfindest Bedauern oder Zorn. Doch weil diese Fragen unvermeidbar sind, wirst du bald, nachdem sie sich dir stellen, eine große Erleichterung empfinden.

Wartest du nur lange genug auf die Antworten, wirst du dir deines grenzenlosen Wesens bewusst, das nie in den Fluss der Zeit eingetreten ist, nie geboren wurde und nie sterben wird. Die Praxis der Meditation ist universell und findet sich in allen Kulturen. Zur Perfektion gebracht allerdings wurde sie natürlich in Teilen Asiens.

Eine Meditationsform, die von den Laika entwickelt wurde, heißt »Die Welt anhalten«. An einem schönen oder auch stürmischen Tag setzten sie sich an einem ruhigen Plätzchen in die Natur und sagten sich »Ich bin mein Atem«. Sie holten Luft, folgten dem Atem durch ihren Körper, gaben die Luft wieder nach außen ab und schlossen sich ihr an, bis sie sich mit den Bergen und dem Wind vereinte.

Irgendwann wurden sie selbst zu ihrem Atem und konnten mit dem Wind ganz nach Wunsch überallhin reiten; in ihrer Fantasie besuchten sie alle vier Ecken der Welt.

Versuch es mal, wenn du die Zeit dafür aufbringst. Und solltest du diesem Experiment keine drei Minuten täglich widmen können, bist du wahrscheinlich viel zu beschäftigt, als dass du deine bevorstehende Reise in die Unendlichkeit planen könntest.

»Ich bin mein Atem.«

Folge jedem deiner Atemzüge. Hol tief Luft, lege auf dem Höhepunkt des Einatmens eine kleine Pause ein und lass deinen Geist einen Moment lang zur Ruhe kommen. Dann folgst du der Atemluft auf dem Weg, auf dem sie deinen Körper wieder verlässt, und legst vor dem neuerlichen Einatmen eine weitere Pause ein.

Diese Übung wird dir helfen, das Schöne an der Vergänglichkeit zu erkennen. Denn sie ist es, die das Leben zu etwas so Wunderbarem macht. Die Blüte, die du erst gestern noch bewundert hast, ist heute nicht mehr. Der Schnee in den Bergen wird bald schmelzen und seinen Weg ins Meer finden.

Dieser Atemzug, dieser Kuss, dieser Gedanke, dieses Lachen – nichts davon wirst du je wieder erleben.

Denk daran: Sobald du aus dem Traum von der Beständigkeit aufwachst, entdeckst du das Leben im Tod und den Tod im Leben. Wie herrlich.

Du entdeckst dein grenzenloses Wesen deine unendliche Natur.

Kapitel 8

Den Traum von der bedingungslosen Liebe transformieren, die Furchtlosigkeit entdecken

Wir alle wünschen uns, von einem Menschen bedingungslos geliebt zu werden, und suchen unser ganzes Leben lang nach dieser Person. Aber leider ist die Liebe, die uns entgegengebracht wird, immer an eine lange Liste von Bedingungen geknüpft.

Vor Jahren bat ich Don Manuel einmal, mit mir über die Liebe zu sprechen, denn mir war aufgefallen, dass ich zwischen erwachsenen Angehörigen seines Volkes nie einen Austausch von Zärtlichkeit gesehen hatte, wie er in den westlichen Ländern gang und gäbe ist. Meiner Beobachtung nach hielten die Indios in der Öffentlichkeit nie Händchen oder küssten sich. Anders verhielten sie sich im Umgang mit ihren Kindern: Die Mütter waren geradezu vernarrt in ihre Babys und trugen sie nah am Körper mit sich herum. Doch wie es um die Liebe zwischen Mann und Frau bestellt war? Keine Ahnung.

Es war der zweite Tag unseres Ausangate-Trecks, und wir hatten unser Lager schon in aller Frühe abgebrochen.

Ich saß auf dem Rücken von Hirshell, einem Hengst, den ich meiner seinerzeit sechsjährigen Tochter als Jungtier gekauft hatte. Und weil ich großen Wert darauf legte, dass er immer gut gefüttert wurde und im Winter genügend Heu bekam, hatte er sich zu einem gepflegten, starken Tier von etwa einem Meter sechzig Stockmaß entwickelt. Da für Don Manuel Pferde aufs Engste mit den Eroberern verbunden waren, weigerte er sich, zu reiten, und ging stattdessen neben mir her. Erst später, in seinen Achtzigern, als ihm der Fußweg in die Q'ero-Dörfer zu beschwerlich wurde, änderte er diese Einstellung.

»Die Liebe ist nur etwas für ganz Tapfere«, sagte er. »Und dir würde ich ehrlich gesagt empfehlen, die Hände davon zu lassen. Du bist viel zu weich, um sie längere Zeit aushalten zu können.«

Ich widersprach und erklärte ihm, dass ich schon mehrfach verliebt gewesen sei und sowohl den Schmerz als auch die Ekstase der damit verbundenen Gefühle sehr wohl kenne.

»Das waren Romanzen und keine Liebe«, gab er zurück.

»Liebe ist wie eine Mühle«, erklärte er mir und deutete auf die Eingangstür einer heruntergekommenen Lehmsteinhütte. Vor dem Haus befand sich ein *batán*, ein flacher Stein mit einer Vertiefung, der einst als Mühlstein zum Mahlen von Mais gedient hatte. Ein Griff war nirgends mehr zu sehen. Es war eine verlassene Hacienda, die ihre Blütezeit vielleicht vor fünfzig Jahren erlebt hatte. Ein Dach besaß das Haus schon lange nicht mehr, bestimmt hatten sich die Nachbarn die Tonziegel unter den Nagel gerissen. Nur die baufälligen Wände standen noch.

»Die Bewohner dieser Hacienda sind alle tot. Die Brunnen sind ausgetrocknet, die Erde ist verdorrt. Geblieben sind nur die Wände, und auch die werden über kurz oder lang zusammenfallen.«

»Und was hat das mit deiner Behauptung zu tun, die Liebe sei wie eine Mühle?«, fragte ich.

»Mein Großonkel hatte sich bei den Besitzern dieses Hofes verdingt. Als Feldarbeiter. Im Sommer kam er immer in unsere Dörfer zurück und berichtete von den Aktivitäten der Viracochas. Er und andere vor ihm brachten die Krankheit mit. Und ihm haben wir es zu verdanken, dass wir heute überhaupt am Leben sind.«

Mir fiel ein, dass die Eroberer die Inka mit »Gewehren, Keimen und Stahl« besiegt hatten, wie es Jared Diamond in seinem brillanten Buch *Arm und Reich* formuliert. Der wichtigste »Keim« war der Erreger der Pocken, die Millionen Ureinwohnern Amerikas das Leben kosteten. Nachdem Reisende wie Don Manuels Großonkel die Krankheit in die Bergdörfer eingeschleppt hatten und die Überlebenden gegen die Pockenviren immunisiert waren, konnten die Q'ero eine hohe Widerstandskraft dagegen entwickeln. Obwohl sein Volk nie Kontakt mit Westlern hatte, litt es jahrhundertelang unter den Krankheiten der westlichen Welt.

»Was hat es denn nun aber mit der Liebe auf sich?«, beharrte ich.

»Wir leben vom Mais. Er hat uns jahrtausendelang bestens ernährt.« Er griff in seine Tasche und zog ein paar violette Körner hervor.

»Wir haben hier Hunderte von Maissorten: blaue, schwarze, gelbe, rote … Und irgendwie ähneln wir ihm. Wenn die Liebe kommt, um uns zu ernten, rupft sie den Kolben aus der trockenen Hülle heraus, die an die Schweine verfüttert wird. Jedes einzelne Korn steckt voller Licht. Das aber muss freigesetzt werden. Deshalb tragen wir den Mais in die Mühle.

Die Liebe schleift einen«, erklärte Don Manuel. »Sie knackt dich und bricht dich aus deiner Schale heraus, sodass du dich selbst nicht mehr wiedererkennst. Wie feinster Staub wirst du, den schon ein leichter Windhauch verwehen kann, wenn du nicht aufpasst. Dann vermischt dich die Liebe mit einem Schuss Quellwasser und bearbeitet dich mit den Fäusten, knetet dich und legt dich auf einen heißen Stein im Feuer, damit du wie das Maisbrot wirst, das zu Inti Raymi, dem heiligen Fest der Sonne, gereicht wird.«

»Ja, sowas habe ich auch schon erlebt«, musste ich gestehen. Ich dachte an meine Scheidung, die noch nicht lange zurücklag, und daran, wie schmerzhaft sie war. Ja, die Hitze des Feuers und das Züngeln der Flammen hatte ich sehr wohl gespürt.

Ein von Nordosten aufkommender Wind blies eine Staubwolke in unsere Richtung.

»Trotzdem weißt du kaum etwas über die Liebe«, sagte Don Manuel. »Du bist wie ein Maiskorn, das dem Feuer zu nahe gekommen und explodiert ist wie eine *canchita* (Popcorn).

Du bist stolz, hast promoviert, eine gute Position an der Universität, schreibst ein Buch. Alle diese wichtigen Beschäftigungen halten dich von der Liebe ab. Doch sobald du so weit bist, kommt sie und trennt dich von deinen Aufgaben, die deine Schale darstellen, und zermahlt dich, damit der Spirit ein neues Wesen aus dir kneten kann. Die Liebe wird dich so lange backen, bis du am Rand knusprig bist wie Maisbrot. Alles andere ist reine Tändelei.«

»Da muss ich widersprechen«, sagte ich, stieg von Hirshell ab und führte ihn an den Zügeln weiter.

»Natürlich«, sagte der alte Mann. »Du glaubst, dass du einen anderen Menschen brauchst, eine Frau, um die Liebe zu finden, und nach der suchst du nun. Aber *hier drin* ist die Liebe.« Mit der Faust schlug er sich leicht gegen die Brust.

»Die Liebe ermöglicht es dem leuchtenden Krieger, ohne Feinde in dieser oder der nächsten Welt zu leben. Das heißt nicht, dass es keine Kämpfe geben würde. Konflikte lassen sich nicht immer vermeiden. Und wenn du während eines Besuchs in der unsichtbaren Welt auf Widersacher stößt, denen man besser aus dem Weg geht, kommen sie dir sogar zugute.

Ich weiß, dass du erst kürzlich geschieden wurdest«, fuhr er fort. »Und dass die Frau, die du einst von Herzen geliebt hast, deine Kinder gegen dich aufgebracht hat. Für dich ist sie zur Feindin geworden.«

Das stimmt so nicht mehr, dachte ich bei mir. Diese Phase hatte ich überwunden; mittlerweile war ich nur noch traurig und bedauerte den Verlust.

»Wie ist es denn, wenn Schamanen in der Unteren Welt auf solche Widersacher treffen, wie du sagst? Wie verhält man sich am besten, um Konflikten mit ihnen aus dem Weg zu gehen?«, fragte ich.

»Man liebt sie«, lautete die Antwort. »Nachdem du im Feuer der Liebe gebacken worden bist, kannst du die Kreatur einladen, sich an deinem Licht zu laben. Gegen die Liebe kann sie sich nicht verteidigen, und du wiederum hast nichts, was du verteidigen müsstest, nicht einmal mehr dein Leben. Das wird aber erst möglich, nachdem du erkannt hast, dass dir dein

Licht von niemandem weggenommen werden kann; dass es unbegrenzt ist, weil es sich um das Urlicht handelt.

Dann kannst du deinen Nächsten lieben wie dich selbst ...« Er lächelte. »Diese Maxime habe ich von deinem Lehrer gelernt, und ich finde sie gar nicht schlecht. Aber wenn du an einer Übung der Laika interessiert bist, dann versuche, deinen *Feind* zu lieben wie dich selbst. Ich etwa bete jeden Morgen, wenn die Sonne am Horizont aufgeht, für die Konquistadoren.

Das ist Liebe. Alles andere sind Tauschgeschäfte, wie auf dem *mercado*, wo die Frauen Gemüse verkaufen. Ich gebe dir Kartoffeln, du gibst mir Möhren.«

Wir waren am Rand eines Plateaus angelangt, und Hunderte von Metern unter mir sah ich einen Fluss. Um ihn zu erreichen, würde ich das Pferd einen steilen, steinigen Pfad in die Tiefe führen müssen.

»Und was, wenn ich gar nicht zu Maisbrot werden will?«, fragte ich Don Manuel. Irgendwie fand ich dieses Bild nicht besonders reizvoll, auch wenn es mich an ein Gedicht von Rumi erinnerte, in dem er schreibt, die Liebe höhle einen aus, damit man zum Schilfrohr werde, auf dem der Wind die Musik Gottes spielen könne. Schilfrohr gefiel mir bedeutend besser als Maisbrot.

»Dann verrottest du in der Schale«, entgegnete der alte Mann, »oder wirst zu Vogelfutter. Die Traube muss zu Wein gemacht werden, sonst verfault sie an der Rebe.«

Die erste Liebe

Liebe ist die stärkste Emotion, die wir je erleben werden – sogar noch mächtiger als Angst. Schon in der Kindheit lernen viele von uns, dass Liebe etwas ist, was man sich verdienen muss. Um zu überleben, haben wir seinerzeit genauestens auf die Melodie gehört, zu der wir tanzen mussten, um Zustimmung und Anerkennung zu bekommen. Später freuten wir uns einen Ast ab, wenn wir den Vater »Ich bin stolz auf dich« sagen hörten, und strengten uns noch mehr an, damit er es bloß wiederholte. Weil sich diese Worte so gut anhörten. Und wir gar nicht genug von ihnen bekommen konnten.

Und weil wir sehr früh lernen, diese starke Macht, die die Liebe darstellt, mit Zustimmung in Verbindung zu bringen, tun wir praktisch alles, um sie zu bekommen. Wir tun Dinge, die wir nicht für richtig halten, und sind sogar bereit, unsere Werte derart zu verraten, dass wir uns später dafür schämen – nur um von Leuten, die wir bewundern oder attraktiv finden, Beifall zu bekommen, den wir für Liebe halten.

Als Kind war ich der Überzeugung, dass die Liebe, die es in meiner Familie gab, nicht für alle reichte, dass sie rationiert war und wir darum konkurrieren oder enorme Leistungen erbringen mussten, um etwas von ihr abzubekommen. Meine Schwester machte auf Ballerina. Was ihr mehr Liebesbekundungen einzubringen schien als mir mit meiner Eidechsensammlung.

Mir hat mein Vater nur ein einziges Mal gesagt, dass er stolz auf mich war, und damals glaubte ich nicht, dass er es wirklich so meinte, denn für meine Ohren hörte es sich irgendwie hohl an. Viele Jahre lang war ich sehr enttäuscht. Erst später, nach seinem Tod, lernte ich seine Worte zu schätzen. Denn wie hätte er stolz auf mich sein können, wo ich mich doch selbst nicht leiden konnte?

So ergeht es uns allen. Unsere Liebe wird mit Bedingungen verknüpft, soll das Bedürfnis nach Bestätigung dafür befriedigen, dass ich real bin, dass ich existiere und Genüge tue. Später dann entdecken wir, dass wir andere beherrschen können, indem wir ihnen die Bestätigung verweigern, und verlangen für jede liebevolle Geste oder Bemerkung eine Gegenleistung. Ich finde es immer wieder irre, wie schnell schon ganz kleine Kinder lernen, dass sie ihre Welt mit einem Wutanfall äußerst effektiv schurigeln können. Gibt es in deinem Bekanntenkreis nicht auch Familien, wo Dreijährige mit einem Lächeln beziehungsweise Stirnrunzeln den gesamten Haushalt dirigieren?

In der Erziehung, die wir genossen haben, war die Liebe an eine ganze Reihe von Bedingungen geknüpft. Aber die Liebe, die du dir von deinen Eltern, die mit ihren Gefühlen nicht in Kontakt waren, und von Erwachsenen abgeguckt hast, die im Traum des »Ich bin zornig, einsam, hungrig oder ängstlich« gefangen waren, ist keine echte Liebe.

Die Transformation des Traumes

Die Transformation des Tagtraumes von der bedingungslosen Liebe setzt die Entdeckung der Furchtlosigkeit voraus. Und furchtlos wirst du, indem du

1. das Hirngespinst vom perfekten Seelengefährten aufgibst

2. dich so liebst, wie du bist, inklusive deiner fiesen Züge
3. dich von der Vorstellung eines Gottes verabschiedest, der dich nur liebt, solange du dich »richtig« verhältst.

Schauen wir uns diese drei Punkte einmal näher an.

Als Erstes *musst du dir abgewöhnen, den wahren Seelengefährten finden zu wollen.* Diese Marotte ist so tief in uns verwurzelt, dass wir selbst nach der Hochzeit nicht aufhören, den Horizont nach der Person abzusuchen, mit der wir *eigentlich* zusammen sein sollten. Sobald diese dann auftaucht, ihr einander in die Augen schaut und euch erkennt, setzt du alles aufs Spiel, auch deine Ehe und Familie, um ihr auf einen Höllenritt mitten in den Albtraum hinein zu folgen.

Bei dieser Person handelt es sich oft um jemanden, den du in einem früheren Leben gequält und gefoltert hast; und jetzt fühlst du dich deshalb so unwiderstehlich von dem oder der Betreffenden angezogen, damit du von deinen Missetaten genesen und sie ausbügeln kannst. Trefft ihr euch dann in der Gegenwart wieder, hast du das Gefühl, die Person schon ewig zu kennen (was ja auch stimmt), dein ganzes Leben lang auf sie gewartet zu haben (stimmt ebenfalls) und endlich jemanden gefunden zu haben, mit dem du glücklich werden kannst (was ein Irrtum ist).

Meiner Überzeugung nach ist dies der Grund für das Zölibatsgelübde, das Mönche und Nonnen ablegen – sie beschließen, nicht länger auf dem risikoreichen Weg leidenschaftlicher Liebschaften lernen und sich weiterentwickeln zu wollen. Während wir anderen weiterhin nach der perfekten Ergänzung fahnden, nach unserer Zwillingsflamme, die uns hundertprozentig versteht und besser kennt als wir uns selbst.

Nach der Überzeugung der Laika werden wir wiedergeboren, um jeweils bestimmte Lektionen zu lernen und uns nützlich zu machen. Unwiderstehlich angezogen fühlen wir uns demnach von Menschen, mit denen wir noch eine Rechnung offen haben, weil wir die mit ihnen verknüpfte Lektion im vorherigen Leben nicht gelernt haben.

Eine meiner diesbezüglich merkwürdigsten Erfahrungen habe ich mit einem Klienten gemacht, dessen gesundheitlicher Zustand sich rapide verschlechtert hatte. Bruce war Mitte dreißig und erfolgreicher Unternehmer. In den Monaten, bevor er mich aufsuchte, hatte jedes einzelne Gelenk in seinem Körper zu schmerzen angefangen. Inzwischen kam er morgens kaum mehr aus dem Bett.

Viele Angehörige von Bruce waren im Holocaust ermordet worden, so auch seine Großmutter Sitka. Während unserer Therapiesitzungen gab er seinem Zorn auf die Nazis und die Gräueltaten, die sie seiner Familie angetan hatten, Ausdruck. Da er, wie er mir erklärte, seit einiger Zeit regelmäßig von seiner Oma träumte, hatte er beschlossen, nach Polen zu fliegen und dem Konzentrationslager einen Besuch abzustatten, in dem sie interniert gewesen war. Die Insassen waren ermordet worden, sobald sie nicht mehr genügend Kraft für die Zwangsarbeiten hatten, die sie verrichten mussten.

Gleich nach seiner Ankunft bekam Bruce die Massengräber der Getöteten gezeigt. An einem blieb er lange betend stehen und stellte sich vor, den sterblichen Überresten seiner Großmutter nahe zu sein. In seiner Entrückung spürte er Sitka bei sich, die ihn tröstete und ihm versicherte, dass alles gut sei.

Nachts in seinem Hotelbett erschien Bruce die Oma im Traum und nahm ihn mit ins Lager zurück. Sie war Anfang zwanzig, aber dürr und krank. Mit bloßen Händen hoben Männer eine lange Grube aus; es war Winter, und sie zitterten vor Kälte. Als Nächstes war Sitka mit einem Dutzend anderer Gefangener am Rand der Grube aufgereiht, und sie wurde von einem jungen SS-Mann mit einem Kopfschuss getötet. Anschließend war Bruce nicht mehr Beobachter der Szenerie, sondern wurde selbst zum Nazitäter. Er hielt der Frau seine Pistole an die Schläfe und drückte den Abzug.

In diesem Moment wachte Bruce auf, schweißüberströmt. Und ihm war, als könnte er Sitka zu ihm sagen hören: »Schon gut, ist alles vergeben …«

Kurz danach waren Bruce' Schmerzen wie weggeblasen. Er berichtete mir von seiner Erkenntnis, im vorherigen Leben der SS-Mann gewesen zu sein, der seine heutige, damals noch junge Großmutter erschossen hatte, und dem Gefühl, sie habe ihm verziehen. Seinem Empfinden nach war die Polenreise genau das Heilmittel gewesen, dessen es bedurft hatte, damit er endlich seine Lektion von damals lernen konnte.

Natürlich gab es auch viele andere mögliche Erklärungen für Bruce' Gesundung; er aber war der festen Überzeugung, dass sie mit diesem einen früheren Leben zu tun hatte. Und damit, dass er – Ironie der Geschichte – ausgerechnet als diejenige Person gelebt hatte, die er am meisten verabscheute.

Dass sich jemand beim Versuch zu heilen in eine Person verliebt, die er in der fernen Vergangenheit einmal sehr verletzt hat, ist keine Seltenheit. Das Problem dabei: Statt dass die alte Wunde heilt, kommt es zu neuerlichen Läsionen. Die Person, die dich einmal wegen deines Glaubens auf dem Scheiterhaufen verbrannt hat und von der du jetzt meinst, dass du sie liebst, wird schließlich ein weiteres Mal das Feuer unter deinen Füßen entzünden. Und du wirst dich fragen, warum du das Gefühl hast, die Beziehung würde dir die Luft zum Atmen rauben.

Nimm die Füße in die Hand und lauf so schnell du kannst, sobald du dir sicher bist, deinen Lieblingsmenschen gefunden zu haben, deinen Seelengefährten, und jede Zelle in deinem Körper vor Aufregung vibriert. Es sei denn natürlich, du beabsichtigst, eine weitere Lektion in der Schule emotionaler Sturmfronten zu absolvieren.

Im Leben gibt es neben Seelengefährten auch noch viele, viele andere Menschen: Partner und Expartner, Verwandte, Kollegen, Freunde und Bekannte. Den Traum, von ihnen allen richtig und bedingungslos geliebt zu werden, müssen wir aufgeben. Angefangen bei den Eltern. Die perfekten Supereltern kriegt niemand, immer nur die, die für ihn genau richtig sind. Den perfekten Superpartner kriegt auch niemand, immer nur genau den richtigen. Und je schneller wir das erkennen, desto schneller können wir uns interessanteren Dingen zuwenden.

Leute lieben zu lernen, mit denen du nicht übereinstimmst, ist eine Herausforderung, aber genau diese Personen sind oft unsere größten Lehrer. Denn sie halten uns quasi den Spiegel vor, damit wir unsere verborgenen und vernachlässigten Aspekte in ihnen sehen können. Gelingt es dir, genau die Menschen zu lieben, die dich zu deinem miesesten Verhalten provozieren, entdeckst du, dass du nicht länger den Affen des Leierkastenmannes geben musst, der alles Mögliche anstellt, nur um ein Zeichen der Liebe oder Bewunderung einzuheimsen.

Wer sind die Menschen, die du am wenigsten goutierst und deren Gesellschaft du nur schwer ertragen kannst? Höchstwahrscheinlich handelt es sich um Verwandte von dir, um die, die bei den letzten Wahlen für den falschen Kandidaten gestimmt haben. Deshalb sind ja auch Familienfeiern so ätzend. Andererseits aber bergen sie zugleich die Chance, Leute zu lieben, denen wir spinnefeind sind, und sogar diejenigen, die uns ihre Liebe einst vorenthielten, als wir sie uns so sehr wünschten.

Was Seelengefährten betrifft, so musst du akzeptieren, dass du die Person, die dein Anforderungsprofil auf romantischem Gebiet zu hundert Prozent erfüllt, nie finden wirst. Denn es gibt sie einfach nicht. Du jedoch – und das musst du dir auch klarmachen – kannst zu einem perfekten Partner werden. Allerdings nur, wenn du aufhörst, nach dem oder der Richtigen zu suchen.

Um die Furchtlosigkeit entdecken und den Traum von der bedingungslosen Liebe austräumen zu können, besteht das Zweite, was du tun musst, darin, *dich so zu lieben, wie du bist, einschließlich deiner fiesen Züge.*

Das ist echt schwer, schließlich bist du der Einzige, der zu hundert Prozent weiß, *wie* verkorkst du wirklich bist. Nur du weißt, wie viele Chancen du dir hast durch die Lappen gehen lassen, wie oft du dich vor Angst gekrümmt hast, wo du doch hättest Triumphe feiern können. Schau dir ins Gesicht, aber furchtlos. Du bist, was du bist Atme tief durch und akzeptiere, dass du du bist, wie auch immer. Außer dir gibt es niemanden, der dir diese Form »bedingungsloser« Akzeptanz entgegenbringt, ohne sonst was für einen hohen Preis dafür zu verlangen.

Zahllose Therapiestunden kannst du dem Versuch widmen, zu begreifen, warum du dich nicht liebst, warum du so hart mit dir ins Gericht gehst, warum dir dein Vater seine Liebe nie gezeigt hat oder deine Kinder nichts von dir wissen wollen. Doch nicht einmal die akkurateste Analyse deiner Vergangenheit kann bewirken, dass du anfängst, dich selbst zu lieben.

Liebe den Körperteil von dir, der dir am meisten zu schaffen macht – den Höcker auf der Nase, den Rettungsring am Bauch, dein Doppelkinn ... Und in dem Maße, in dem du diesen Aspekt von dir zu lieben lernst, werden auch andere anfangen, dich zu lieben, und zwar in deiner Ganzheit.

Die Analyse deiner Kindheit ist nur eine Zeit lang hilfreich. Danach musst du den Mut und die Entschlossenheit aufbringen, bewusst dein Leben zu führen – und zu lieben, zuallererst dich selbst. Fang damit an, dass du deine Schwächen und Fehler zur Kenntnis nimmst, jedes über Nacht neu entstandene Fältchen ins Herz schließt, das du morgens im Badezimmer entdeckst (okay, ich weiß, das ist schwer ...), und alles, was du seit frühester Kindheit je erlebt hast, als Lektion und Geschenk akzeptierst. Dann kannst du aufhören, so zu tun, als wärst du jemand anderes. Du kannst die Maske der Perfektion abstreifen – zusammen mit der des Dorfdeppen. Beide Masken führen in die Irre; sie sind Teil der Verkleidung, die wir anlegen, um uns vor uns selbst zu verstecken und der Außenwelt den Blick auf unser wahres Selbst zu verwehren.

Zeig dich in all deiner makelbehafteten Schönheit. Absolut nichts verbirgst du mehr vor der Welt oder dir selbst. Versuch mal das Folgende: Gib irgendjemandem gegenüber etwas sehr Peinliches zu, das du lange für dich behalten hast und wofür du dich wahnsinnig schämst. Sobald du dich nicht mehr darum scherst, dass es sich um ein Geheimnis handelt, interessiert sich auch sonst keiner dafür. Versteh mich aber bitte nicht falsch: Das soll kein Freibrief dafür sein, jedem Dahergelaufenen deine schlimme Vergangenheit auf die Nase zu binden. Derlei geschieht eh schon viel zu oft. Nein, gib einfach nur einen Umstand preis, der von deiner fehlerbehafteten Schönheit spricht.

Wie das geht – dich selbst zu lieben? Bereite dir ein Festmahl zu, und mach dir bewusst, dass du einen ganz besonderen Gast erwartest: dich selbst. Schmier dir demnächst, wenn du mal wieder allein zu Hause bist, nicht einfach eine Stulle, sondern koch dir was Gesundes. Es muss ja nichts Kompliziertes sein. Zünde eine Kerze an, stell frische Blumen auf den Tisch, hol die Stoffservietten aus dem Schrank und freu dich auf dich und das Dinner, das du dir zu Ehren gibst.

Zieh dich an, als würdest du dich lieben; iss, als würdest du dich lieben; verzeih, als würdest du dich lieben; handle, als würdest du dich lieben. Du musst dir das bedingungslose Lieben *angewöhnen*. Und das kriegst du nicht dadurch hin, dass du dir alle möglichen Gründe vor Augen führst, warum es nicht gehen sollte. Sondern indem du dir die an Bedingungen geknüpfte Liebe abtrainierst, die wir von klein auf kennengelernt haben. Mit dieser Unsitte brichst du, indem du anfängst, dich selbst ohne Wenn und Aber zu lieben.

Dann bist du auch für den letzten der oben genannten drei Schritte bereit: *dich von der Vorstellung eines Gottes zu verabschieden, der dich nur liebt, solange du dich »richtig« verhältst.*

Wie viele bin auch ich in einer religiösen Tradition aufgewachsen – der römisch-katholischen. Schon als kleiner Junge hörte ich stets, dass Gott mich liebe, aber ... es gab da einen Haken.

Gott war ein liebender Vater, der dafür Sorge trug, dass ich mich an seine Gebote hielt, am Freitag kein Fleisch aß, meinem Papa gehorchte, der Mama bei der Hausarbeit half, nie die Unwahrheit sagte und nicht heimlich Kekse aus dem Schrank stibitzte. Und eines wollte dieser Gott, der doch meinen Körper erschaffen hatte, auf gar keinen Fall: dass mir meine Leiblichkeit Lust bereitete.

Eine katholisch erzogene Frau, die ich kenne, bekam schon in jungen Jahren die ersten Zweifel an ihrem Glauben, und zwar nach einer bestimmten Lektüre. Sie las gern Heiligengeschichten – bis sie auf die der Maria Goretti stieß. Mit ihrer Mutter und ihren Geschwistern lebte die kleine Maria Ende des 19. Jahrhunderts in einem italienischen Dorf. Sie befand sich gerade allein in der Küche, als der Feldarbeiter Allessandro Serenelli hereinkam und versuchte, sie zu vergewaltigen. Statt dem Mann zu Willen zu sein, wehrte sich Maria mit allen Kräften. Mit einer Ahle versetzte ihr Serenelli 14 Stiche, an denen Maria schließlich im Krankenhaus starb. Sie wurde zur Märtyrerin, von der katholischen Kirche selig- und heiliggesprochen. Im Namen eines Gottes, der seine Kinder, wie es scheint, tot mehr liebte als lebendig.

Alle theistischen Religionen lehren den Glauben an einen Gott, der einen nur so lange liebt, wie man sich »richtig« verhält und bereit ist, Opfer zu bringen – wozu auch gehört, anderen das Leben zu nehmen oder selbst den Märtyrertod zu wählen. Die Vorstellung, mit Gott an seiner Seite in den Krieg zu ziehen, hat mir dabei immer das größte Rätsel aufgegeben. Ich erinnere mich noch, einmal einen Artikel über den Kinderkreuzzug im Jahr 1212 gelesen zu haben, bei dem annähernd dreißigtausend Christenmenschen im Alter von zehn bis fünfzehn Jahren ins Heilige Land geschafft werden sollten, um gegen die Sarazenen zu kämpfen und Jerusalem zu befreien. Weit vor dem Ziel wurden die meisten von ihnen gefangen genommen und zu Sklaven gemacht. Stellt das etwa kein massenhaftes Kinderopfer dar?

Auch die Inka opferten Menschen, regelmäßig ein oder zwei der schönsten Kinder im Zuge eines Rituals in den heiligen Bergen, das unter der Bezeichnung *Kapaq cocha* bekannt ist. Heutzutage, da die Gletscher in den Hochanden schmelzen, finden wir die mumifizierten sterblichen Überreste dieser seinerzeit als Emissäre zu den Sternen betrachteten Kinder, die versuchen sollten, die Geschicke des Reiches zu verbessern oder die Hungersnot zu beenden. Ausgeführt wurden diese Menschenopfer vom Willaq Uma, dem höchsten Priester, der allerdings kein Laika war, sondern ein Geistlicher der Staatsreligion der Inka.

Um den Traum von einem Gott, der dich nur unter Bedingungen liebt und dich nicht in deiner ganzen mangelbehafteten Schönheit annimmt, transformieren zu können, musst du als Erstes deine Verbundenheit mit der gesamten Schöpfung, dem Universum und dem Geist bewusst erleben. Im Geist sind wir alle eins. Das Lakota-Gebet Mitakuye Oyasin (»Alle gehören zusammen«) bringt diese Verbundenheit mit allen Wesen bestens zum Ausdruck.

Liebe ist

Bedingungslos liebst du, wenn du die Liebe nicht mehr durch einen Lover, deine Mutter oder ein Kind erleben musst und auch die Menschen lieben kannst, mit denen du nicht übereinstimmst; wenn du dich selbst mit all deinen Talenten und Fehlern annimmst, in der Liebe kein Geschäft mehr siehst und in der unendlichen Zuneigung des Großen Geistes baden kannst. Dann fehlt dir nichts mehr zur Zufriedenheit, und du kannst auch ohne jeden Grund glücklich sein.

Dann *ist* die Liebe einfach. Du erkennst in ihr die Kettfäden, auf denen das Gewebe des Universums beruht. Du bist der Weber, der Geist ist die Wolle, und die Liebe stellt zugleich auch die Schussfäden bereit. Lange bevor Metaphern aus der Physik gebräuchlich wurden wie Schwingung und Frequenz, verwendeten die Menschen Vergleiche aus der Weberei. Die Kettfäden sind die Basis, jene langen Fäden, die auf den Webstuhl gespannt sind, zwischen denen das Schiffchen mit dem Schussfaden hindurchgeführt wird, um ein Gewebe zu erzeugen. Schon die Schicksalsgöttinnen der alten Griechen traten als Weberinnen oder Spinnerinnen auf, die die Fäden der individuellen Bestimmung spannen.

Liebe ist nicht nur ein Gefühl. Die alten Weisen hielten sie für die entscheidende Kraft im Universum; sie waren der Überzeugung, dass die gesamte Schöpfung auf Liebe beruhe und auch alles Schöne, was man je erschaffen könne. Der Kraft der Liebe kannst du dich nicht entziehen, genauso wenig wie der Gravitation. Wiewohl unsichtbar ist sie allgegenwärtig. Sie übt einen unwiderstehlichen Einfluss auf dich aus, lässt dich unglaublichen Mut und Tölpeleien ohnegleichen an den Tag legen. Doch im Unterschied zur Schwerkraft, die einfach so ist, wie sie ist, und an der du beim besten Willen nichts ändern kannst – über dem Erdboden zu schweben etwa ist nicht ohne Weiteres möglich –, stellt die Liebe eine Kraft dar, die du einsetzen kannst, um gemeinsam mit dem Urlicht Neues zu erschaffen. Und sobald du das erkannt hast, kannst du mit dem Herbeiträumen der Welt beginnen.

Die fünfte Kraft

Als unübertrefflichen Beobachtern der Natur entging den Laika nicht, dass die gesamte Schöpfung auf vier Kräften beruht. Und auch die moderne Physik kennt vier Grundkräfte, von denen unser materielles Universum regiert wird. Die erste ist die Schwerkraft: Alles fällt nach unten. Die zweite ist das Licht, universelle Konstante und natürliches Wesen der Sterne. Die dritte hält Atome und Moleküle zusammen. Und die vierte ist der Treibstoff der Sterne. Physikalisch ausgedrückt: Gravitation, Elektromagnetismus, starke und schwache Kernkraft.

Alles Leben, ob Gräser, Insekten, Wale oder Menschen, verbreitet sich über die DNA, die aus vier Nukleinbasen besteht, welche von den Buchstaben A (für Adenin), C (Cynosin, G (Guanin) und T (Thymin) repräsentiert werden. Diese vier Nukleinbasen, die die DNA bilden, wurden erst vor siebzig Jahren entdeckt, daher konnten die alten Schamanen die Sprache der modernen Genetik natürlich nicht kennen. Doch sie verstanden, dass alle Lebewesen – Bäume, Adler, Wölfe eingeschlossen – Brüder und Schwestern von uns sind. Denn unser aller Lebenscode besteht aus denselben vier Buchstaben.

Für die Laika bestand dieser universelle Code ebenfalls aus vier Elementen, nämlich den Namen und Gesichtern der vier Archetypen Schlange, Jaguar, Kolibri und Adler (manchmal auch Kondor). Dies waren die Totemgeister, anhand derer man die Sprache der Schöpfung erlernen und sich an der Erschaffung der Welt beteiligen konnte. (Für die indigenen Völker kommt es nicht auf den »Schöpfer« an, sondern einzig auf den Akt des Schöpfens.)

Die Schlange weiß, wie man die Vergangenheit ablegt und sich in Schönheit übt. Ferner offeriert uns die Schlange die Früchte vom Baum der Erkenntnis und ist in Indien als kreative Kraft der Kundalinienergie bekannt. Das Abstreifen der Schlangenhaut steht symbolisch für die Transformation der vier toxischen Emotionen und die Entdeckung des »Ich bin«.

Der Jaguar kennt die Wege, die über den Tod hinaus- und in die Unendlichkeit führen. Die Jaguar-Schamanen waren diejenigen, die den Tod besiegt hatten und lebendig blieben, sei es nach der Wiedergeburt in einem physischen Körper oder im Energiefeld, potenziell also überall. Als Symbol steht der Jaguar für die Praxis der Furchtlosigkeit.

Der Kolibri, der alljährlich von Brasilien bis nach Kanada fliegt, obwohl er für ein derart gefährliches und anstrengendes Unterfangen ja nicht gerade geboren zu sein scheint, lehrt den Aufbruch zu einer großen Reise. Als Geschenk bringt er dir Mut mit, die Courage, mehr vom Kuchen abzubeißen, als du eigentlich kauen kannst, und selbst größte Herausforderungen anzunehmen.

Was dir der Adler mitbringt, ist das Geschenk des weiten Ausbreitens deiner Flügel sowie die Chance, das Leben in aller Klarheit und detailgetreu aus der Vogelperspektive heraus zu betrachten. Der Adler lehrt dich, das Pferd ganz von hinten aufzuzäumen, das heißt: die Möglichkeiten auszuloten, bevor du die Wahrscheinlichkeit ins Kalkül ziehst und dir alle Gründe vor Augen führst, warum etwas nicht klappen kann.

In ihren Mythen und Legenden beschrieben die Laika die vier großen Krafttiere. Diese sind aber weit mehr als nur Märchenstoff. Symbole repräsentieren nicht bloß Dinge, sondern werden in Zeremonien identisch mit diesen. So ist etwa der Adler nicht nur ein Symbol für die Freiheit des Fliegens, denn wenn du ihn in einem heiligen Rahmen anrufst, verleiht er dir seine Kraft. Aus Legenden wissen wir von Schamanen, die durch die Luft fliegen konnten wie Adler, mit dem Geschick der Wildkatze verlorene Gegenstände oder vermisste Menschen im Regenwald wiederfanden oder sich sogar vorübergehend unsichtbar machen konnten. Nachdem sie diese magischen Fähigkeiten erlernt hatten und die Superkräfte beherrschten, die mit dem umfassenden Wissen um die Kräfte der Schöpfung einhergehen, waren sie schließlich in der Lage, die Welt herbeizuträumen.

Zuvor aber mussten sie sich auch noch die fünfte Kraft aneignen: die Liebe.

Was die Liebe alles vermag

Ein weiteres Mal befand ich mich mit Don Manuel in den Ruinen von Machu Picchu, der Inkastadt des Lichts. Wir hatten den Aufstieg lange vor Sonnenuntergang am Fluss begonnen, und als wir den Tempel des Mondes auf halber Höhe der Berge passierten, war es schon beinahe dunkel. Normale

Touristen fahren die gewundene Straße zum Eingang der archäologischen Fundstätte gewöhnlich mit dem Bus hoch. Unsere Gruppe aber war weder normal noch handelte es sich bei uns um Touristen. Denn ich war hier mit einem Dutzend Medizinmänner und -frauen. Und wir beabsichtigten, in die Anlage einzubrechen, um in den von ihren Vorfahren erbauten Kulissen eine heilige Zeremonie abzuhalten. Dies war den Indianern in Machu Picchu per Gesetz verboten, weil die Regierung die enormen Einnahmen, die die Touristenmassen alljährlich in die Staatskasse spülten, nicht gefährden wollte. Was, wenn die Nachkommen der Inka die ehrenwerten Ruinen für sich beanspruchen würden? Das Verbot der Rituale nährte die Illusion, dass es sich nur um eine Anlage von rein historischem Interesse handele.

Im Schutz der Dunkelheit gingen wir weiter. Ich war der einzige Weiße in der Gruppe und zudem der Einzige mit einer Taschenlampe. Den anderen schien das trübe Licht der Mondsichel vollauf zu genügen – aber vielleicht verfügten sie auch über ein inneres Sehvermögen, das ich nicht besaß. Sobald ich die Taschenlampe probeweise ausschaltete, kam ich auf den Felsen ins Straucheln. Normalerweise hätte ich mir nichts daraus gemacht, schließlich war ich schon einen Großteil meines Lebens durch die Anden gestolpert. Hier aber bestand Gefahr – wir bewegten uns am Rand einer Felswand, die zum Fluss hin sechshundert Meter tief steil abfiel.

Als wir den Tempel von Pachamama erreichten, eine Freifläche mit einem gigantischen Stein, stand der Mond hoch am Himmel. Die Felswand schien die Konturen der Bergkette in der Ferne nachzuzeichnen. Archäologen zufolge handelte es sich hier um den Tempel der Acllas, der »erwählten

Frauen« von Machu Picchu. Hier sollte unsere Zeremonie stattfinden.

Mit einem Stock zog eine der Teilnehmerinnen einen großen Kreis auf dem Boden. Dann wies Don Manuel jedem eine Rolle zu. Es gab vier Positionen, die den vier Himmelsrichtungen zugeordnet waren. Eine Person sollte im Süden stehen und die Schlange repräsentieren. Die für diese Rolle auserkorene junge Frau bekam eine eingeölte Schlangenhaut, die sie sich wie ein Tuch um den Hals warf. Während sich ein alter Mann im Westen ein Jaguarfell über eine Schulter drapierte, legte sich eine Frau im Norden eine Stola um, in die Hunderte von Kolibrifedern eingenäht waren. Ein weiterer Schamane schnallte sich im Osten die Schwingen eines prächtigen Kondors auf den Rücken.

Ein Tanz begann. Nacheinander suchten die Akteure den Platz der Schlange auf, drehten sich und wirbelten herum. Dann begaben sie sich einzeln in westliche Richtung, wo sie sich das Jaguarfell umlegten; im Norden hüllten sie sich in die Kolibristola, um danach im Osten die Flügel des Kondors anzulegen. Zum guten Schluss befanden wir uns alle im Zentrum des Kreises.

Mir fielen die geschmeidigen Bewegungen der jungen Frau mit der Boahaut auf. Mit geschlossenen Augen war sie ganz ihren anmutigen, gleichwohl kraftvollen Bewegungen hingegeben. Sie stand so sehr im Bann der sinnlichen Schlange, dass sie nicht in der Lage zu sein schien, der Aufforderung zum Wechseln der Position nachzukommen. Zu sich kam sie erst, als sich Don Manuel einschaltete, ihr die Boa abnahm, die von ihrer Schulter herabgeglitten war, und ihr Gesicht mit Blütenwasser besprenkelte.

»Von der Kraft eines dieser Tiere lässt sich fast jeder leicht verführen«, erklärte er. »Im Süden ist es die Sinnlichkeit, die uns schnell mehr fasziniert, als uns guttut. Im Westen kann uns die Kraft des Jaguars gefangen nehmen. Und selbst einige der Laika früher gaben der Versuchung nach, diese Kraft ausschließlich zum eigenen Vorteil einzusetzen.

Im Norden«, fuhr Don Manuel fort, »besteht die Gefahr darin, so von sich selbst fasziniert zu sein, dass man den Eindruck gewinnt, die ganze Welt würde sich nur um einen selbst drehen, die Krönung der Schöpfung. Kolibris sind stark territorial veranlagt und vergessen leicht, dass genug Nektar für alle da ist. Der Adler beziehungsweise Kondor im Osten schließlich kann zu Habgier verleiten. Nicht zuletzt aufgrund seiner mächtigen Schwingen ist es ihm ein Leichtes, mit einem jungen Lama im Schnabel einige hundert Meter weit zu fliegen, es dann auf einen Felsen fallen zu lassen, um ein paar Tage später zurückzukommen und es zu fressen, sobald das Fleisch fermentiert ist. Frischfleisch vertragen Kondore nicht. Manche aber sind so gierig, dass sie sich das fetteste Lama aus der Herde herauspicken und mit ihm das Weite suchen. Was aber oft damit endet, dass sie abstürzen und ohne Beute dastehen.«

Don Manuel erklärte mir die speziellen Geschenke und Fallen, die mit den Spirittieren jeweils verbunden waren. Jedes repräsentierte eine der vier großen Kräfte im Universum. Um ein leuchtender Krieger werden zu können, musste man mit allen vieren klarkommen – ohne in eine der Fallen zu gehen, die sie bargen. Dann musste man in die Mitte des Kreises treten und sie alle zusammen verkörpern – was die fünfte Kraft darstellte, die Liebe.

»Koordiniert werden die vier Kräfte von der Macht der Liebe«, erklärte Don Manuel. »Sie lässt dich sogar das Unmögliche möglich machen. So testest du auch die Stärke deiner Liebe: Du suchst dir eine anscheinend unausführbare Aufgabe und bewältigst sie.

Ist dein Verhältnis zu den vier Spirittieren allerdings unausgewogen, erlebst du die Liebe nur als Gefühl, als flüchtige Empfindung. Dann fegt sie durch dich hindurch und lässt dich leer zurück, voller Verlangen nach mehr.«

Das verstand ich nicht und bat Don Manuel, es mir zu erklären.

»Überleg, was du am wenigsten leiden kannst, und dann liebe es«, sagte er.

Was an diesem Abend im Mittelpunkt stehe, fuhr er fort, sei das Begraben des Schwertes der Eroberung mit dem Ziel, den Baum des Lebens daraus erwachsen zu lassen. Sie liebten die Konquistadoren, jene Männer, die ihre Mütter vergewaltigt und ihre Tempel geplündert hatten. Sie bedankten sich bei ihnen für die Lektionen, die ihr Volk von ihnen erhalten hatte, so brutal sie auch waren. Und sie heilten das Böse der Eroberer, das in jedem von ihnen lebte.

Überleg, was du am wenigsten leiden kannst, und dann *liebe es.*

Das beschreibt die Lebenspraxis des leuchtenden Kriegers genau. Sie besteht nicht im Bezwingen des Feindes, sondern darin, dort zu lieben, wo es einem am schwersten fällt.

Und genau das ist auch zu meiner persönlichen spirituellen Lebenspraxis geworden.

Die Liebe freisetzen: das Entfesseln der fünften Kraft

Wohl die meisten von uns erleben die Liebe als Gefühl. Für Schamanen ist sie das nicht. Vielmehr sehen sie darin eine Kraft. Liebe empfindet die Blume für den Morgentau, die Jaguardame für das Reh, mit dem sie ihre Kinder ernährt. Und auch der Regenbogen nach dem Niederschlag stellt Liebe dar.

Inmitten all der Lügen, von denen wir umgeben sind, hilft uns die Kraft der Liebe, die Wahrheit zu erkennen.

Vor allem aber ist Liebe die Kraft des Urlichts: klar, intelligent, weise. Wir können mit dem Urlicht, das wir auch Spirit nennen, interagieren, und es gibt uns Antworten. Genau einen solchen Vertrag hatten die Laika mit dem Spirit geschlossen: Wann immer wir rufen, reagiert er. Die Beziehung, die wir mit dem Kosmos unterhalten, ist etwas ganz Besonderes.

Um diesen Vertrag mit dem Spirit schließen zu können, müssen wir begreifen, dass es sich dabei nicht um eine Einbahnstraße handelt. Der Spirit antwortet dir in hundert Prozent aller Fälle, und wann immer er dich ruft, reagierst du. Nicht nur bei jedem zweiten Mal, nicht erst wenn du genügend Geld hast oder die Kinder aus dem Gröbsten raus sind, sondern zu hundert Prozent. Du bist und bleibst für den Spirit präsent. Wenn es ums kreative Erschaffen geht, ist auf deinen Beitrag Verlass. Das Urlicht kann ungehindert durch dich hindurchfließen. Du stellst dich der Verantwortung.

Die Liebe kennt nur eine Sprache: die Wahrheit. In der Wahrheit – und in nichts als der Wahrheit – äußert sich die kreative Kooperation mit dem Göttlichen.

Du musst nicht länger nach der Wahrheit suchen, sondern bringst sie ganz von selbst in alle Lebenssituationen ein, in die du gerätst. Befleißigst du dich immer und überall der Wahrheit, wird alles, was du sagst, wahr. Und auf diese Weise träumst du die Welt herbei.

Während sich die Wahrheit nicht jederzeit leicht benennen lässt, nimmt man Unehrlichkeit eigentlich immer wahr. Geradezu riechen können wir Lügen. Wir spüren sie einfach. Und die Liebe toleriert keine Unwahrheiten. Lügen töten die Liebe, und nichts ist tragischer als der Tod einer Liebe: Kommt sie um, wird das Universum stumm und leblos. Und während die Unehrlichkeit in vielerlei Gestalt auftauchen kann, gibt es nur eine einzige Art der Wahrheit.

Man bezeichnet sie auch als *absolute* Wahrheit.

Es ist die, die man zwar kennen, aber nicht aussprechen kann. Sobald man diese Wahrheit in Worte fasst, verliert sie ihre Wahrhaftigkeit und wird zu einem Abklatsch ihrer selbst, zu einem Schatten der absoluten Wahrheit. Und unsere Aufgabe besteht darin, dies herauszufinden und selbst zu erleben.

Zum Erkennen der Wahrheit verließen sich die Alten auf die vier Spirittiere. Denn sie hatten erkannt, dass jedes von ihnen für eine bestimmte Ebene der Schöpfung steht. Sie glaubten nämlich, der gesamte Kosmos bestehe aus vier Schichten, von denen jede, ähnlich wie die russischen Matroschkapuppen, die darunterliegende enthalte sowie eine bestimmte Teilmenge der absoluten Wahrheit.

Die erste Schicht, die der Schlange, ist die nüchterne, materielle Welt. Die der Stühle und Tische und physischen Körper. Die Wahrheit dieser Ebene lautet, dass alles so ist, wie es sich darstellt. Hier bewegen wir uns in der Welt des Augenscheins, in der das Urlicht am dichtesten ist. Alles wirkt vollkommen real. Die meisten von uns leben den größten Teil ihrer Zeit auf dieser Ebene, in der wir die Kinder zur Schule bringen, einkaufen gehen, uns mit dem Partner streiten und wieder versöhnen. Auf dieser Ebene glauben wir, traurig, sauer, allein zu sein oder Angst zu haben.

Die zweite Schicht, die des Jaguars, ist die Welt des Geistes, der Gedanken, Ideen, der Wissenschaft, die Welt der Neurosen und des Stresses. Auf dieser Ebene lautet die Wahrheit, dass nichts nur so ist, wie es scheint. Hier ist das Urlicht weniger dicht, nicht mehr ganz so sehr mit der Materie verwoben, jedoch noch voller Schatten. Man muss schon genau hinschauen, um erkennen zu können, dass der Kaiser nackt ist, dass vieles allzu sehr aufgebauscht wird und Nachrichten im Grunde keine sind, sondern nur als Wahrheit verkleidete Meinungen. Das ist nichts Neues. So war es schon immer. Die Manipulatoren der Wahrheit sind jene Hexer, die uns davon überzeugen wollen, dass alles Reale auch wahr sein muss, was jedoch keineswegs stimmt. Auf dieser Ebene entdecken wir das »Ich bin«.

Die dritte Schicht, die des Kolibris, ist die Welt der Seele, der Mythen und Legenden. Nacht für Nacht tauchen wir in diese Traumwelt ein, in der die Uhren anders ticken und wir es für völlig normal halten, mit einem lieben Verstorbenen zu sprechen. Auf dieser Ebene ist der Schein des Urlichts klar und kräftig. Schatten sind nirgendwo mehr – abgesehen von denen, die wir selbst werfen.

Auf dieser Ebene lautet die Wahrheit, dass alles ist, was es ist, nicht mehr und nicht weniger. Die Realität *ist* einfach, und wir realisieren, dass es keinerlei Sinn hat, gegen die Wirklichkeit argumentieren zu wollen, weil man dabei immer den Kürzeren zieht. Wir akzeptieren, dass die Realität, die wir im Wachzustand wahrnehmen, nicht weniger Traum ist als die der Nacht. Und dass in Wahrheit das ganze Leben ein Traum ist. All das nehmen wir ganz natürlich und fraglos wahr, genau wie jenen Traum im Schlaf neulich, als wir in einer Galeone übers Meer segelten. Da das Urlicht auf keiner Ebene so hell und so leicht zugänglich ist wie auf dieser, vermögen wir auch die wahre – *leuchtende* – Natur der Realität zu erkennen. Auf dieser Ebene entdecken wir, dass die Liebe eine Kraft darstellt.

Die ersten drei Schichten sind real, aber nicht absolut, sondern nur relativ wahr – innerhalb ihrer Grenzen: Während wir schlafen, sind unsere Träume wahr. Im Kopf sind unsere Ideen wahr. Selbst die herrlichsten Ideen sind als Vorstellung schöner als in der Praxis. Auch unsere nüchterne Alltagswelt ist so lange wahr, wie wir wach sind, die Kinder in die Schule bringen und pünktlich zur Arbeit erscheinen müssen.

Nur in der vierten Schicht, auf der Ebene des Adlers, herrscht die absolute Wahrheit. Die Welt des Adlers ist das Reich des Urlichts, des essenziellen, fundamentalen Wesens der Realität. Auf dieser Ebene ist alles fließend und formlos. Hier ist die Geburtsstätte jeglicher Realität und der Ort, an dem sie wieder zu Licht wird. Auf dieser Ebene entdecken wir die unermessliche Weite des Urlichts und erkennen, dass wir uns in nichts von ihm unterscheiden.

Die absolute Wahrheit der Welt der Adlerenergie leugnet nicht die Realität der Schlangenwelt, die des physischen Körpers. Den müssen wir immer noch ernähren, sauber halten, trainieren und glücklich machen. Doch jetzt wissen wir, dass wir nicht bloß unser Leib sind, sondern auch unser Geist – im

Grunde sind wir sogar viel mehr Geist als Körper. Und nichts macht uns so viel Angst wie die Vorstellung, unserer Geisteskraft aufgrund einer Erkrankung verlustig zu gehen, wie es heutzutage so oft der Fall ist.

Doch in dem Maße, in dem du dich weiter in die Welt des Spirits vorwagst, findest du heraus, dass du auch nicht dein Geist bist, sondern deine Seele. Und dass du zwar einen Geist besitzt, nicht aber eine Seele. Vielmehr ist es deine Seele, die über einen Körper und einen Geist verfügt. Sobald dir das klar wird, trittst du ins Reich des Kolibris ein, in dem die Dinge einfach so sind, wie sie sind und schon immer waren.

Sobald du das Reich des Adlers betrittst, entdeckst du, dass deine Seele nur ein leuchtendes Gefährt war, eine Tasse, die es dir ermöglichte, dich mit Urlicht zu füllen, und die dich zu einem biologischen Wunder aus Zellen, Bakterien, Blut, Knochen und Fleisch zusammensetzte. Doch du bist viel mehr als deine Seele: Du bist das Urlicht Ti.

Probleme lösen, die Welt verändern

Wenn du die Welt herbeiträumen willst, musst du jedes Problem auf einer Ebene oberhalb derjenigen lösen, auf der es entstanden ist. In der physischen Welt veränderst du Dinge, indem du auf der Ebene des Jaguars, der des Geistes, mit einer ganz neuen, revolutionären Idee aufwartest. Kriege etwa lassen sich nicht durch weitere kämpferische Auseinandersetzungen beenden, sondern nur mit einer klaren Friedensvision. Und nicht der Konsum von Medikamenten erhält unsere Gesundheit, sondern ein gesunder Lebensstil.

Alles, was auf der Ebene über der geschieht, auf der du dich bewegst, kommt dir wie ein Wunder vor. Doch sobald du sie dann selbst erreicht hast, empfindest du die Mysterien dieser Stufe als nichts Besonderes mehr.

Psychische Probleme lassen sich ebenfalls am besten auf der darüber liegenden Ebene lösen. Ängste, Depressionen oder Stress zum Beispiel geht man idealerweise auf der seelischen Ebene an, durch das Erfahren des Urlichts. Es ist wunderbar, wie viele psychische Probleme sich geradezu von selbst erledigen, sobald man die unermessliche Weite des Kosmos, die Sprache der Schöpfung und die mysteriösen Ordnungsprinzipien des Lebens erfährt.

Und wenn die Seele schreit, begegnest du ihren Schmerzen am besten auf der Ebene des Spirits, indem du erkennst, dass ihr untrennbar seid, das Urlicht und du, und dass deine ewige Heimat die Unendlichkeit ist.

Kapitel 9

Die Welt herbeiträumen

Es gibt zwei Sorten Mensch, glaube ich: die Träumer und die, die geträumt werden. Abstellen können wir das Träumen nicht, weil es im Wesen der Wirklichkeit liegt: Das ganze Leben ist ein Traum. Was du aber kannst, ist, aus dieser Art Traum aufzuwachen und von da an mutig selbst zu träumen. Die Träumer können ihr Erleben der Wirklichkeit transformieren. Die Geträumten dagegen beklagen sich ständig und jammern à la »Warum tut denn da niemand was gegen …«

Übe dich darin, im Rahmen des Traumes bewusst zu leben, indem du sogar im Schlaf noch hellwach bist, statt auch im Wachzustand zu schlafen, wie es für die meisten der Normalzustand ist. Weiterzuschlafen birgt die Gefahr, in einem der Standardträume unserer Zeit zu enden: einem Leben, in dem wir unsere Sicherheit in die Hände von Polizei und Security-Kräften geben, die unsere Siedlungen bewachen; einem Leben, in dem wir uns an die Religion klammern und endlose To-do-Listen erstellen, um den Tod fernzuhalten; einem Leben, in dem uns die Liebe Angst macht und ständig wehtut. Oder in einem Leben, in dem wir von den gesundheitlichen

Problemen unserer Ursprungsfamilie verfolgt werden, vom Älterwerden der Eltern, den Krankheiten unserer Großeltern.

Hellwach erkennen wir, dass das Leben tatsächlich ein Traum ist und dass wir diesen verändern können; dass wir die Augen beim Träumen offenhalten können und über die Kraft verfügen, originelle Träume hervorzubringen.

Eine andere Bestimmung herbeiträumen

Stell dir dein Leben als stabilen Lichtstrang vor, der viele Leben weit in die Vergangenheit zurückreicht. Heute, im Jetzt, teilt sich dieser Strang in zahllose Fäden, aus denen du die Zukunft webst. Jeder Faden steht dabei für eine mögliche Zukunft, für eines der vielen Lose, die du ziehen kannst. Einige dieser Zukünfte sind wahrscheinlicher als andere. Ein Faden führt dazu, dass du aufwächst und feststellst, du hast den Jackpot geknackt. Besonders wahrscheinlich ist das aber nicht. Verfolgst du einen anderen Faden, wirst du, wie dir klar wird, in jungen Jahren einer Herzkrankheit erliegen. Sollten Herz-Kreislauf-Erkrankungen bei dir in der Familie liegen, ist damit schon eher zu rechnen.

Die Fäden, die dir die größte Freiheit gewähren, zeigen deine Bestimmung. Die Stränge dagegen, in denen deine Gesundheit oder dein Liebesleben genetisch bedingt beziehungsweise von der Erziehung vorgegeben sind, stellen das dar, was wir gemeinhin Schicksal nennen.

Mit welcher Wahrscheinlichkeit welche Zukunft für dich eintritt, zeigt die gaußsche Glockenkurve – wie hier am Beispiel der Chancen, zum Spitzensportler zu werden. 70 Prozent

der Bevölkerung erbringen durchschnittliche Leistungen
(»average performers«), zehn Prozent nur sehr bescheidene
(»non-performers«) und zwanzig Prozent kommen ganz groß
raus (»top performers«).

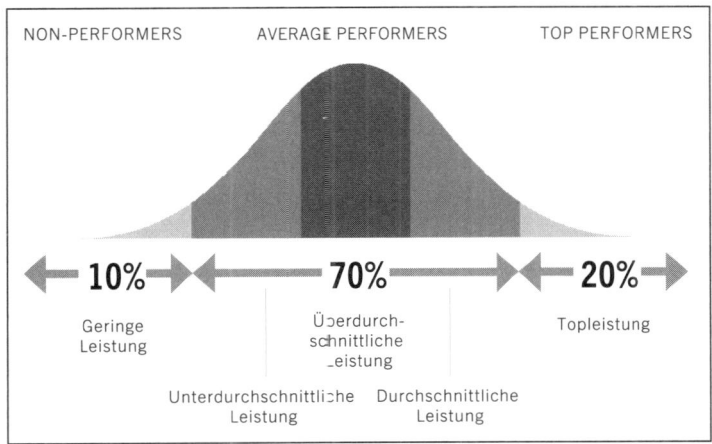

Was zum Beispiel Sport angeht, würden du und ich vermutlich in den dickbäuchigen Bereich der Kurve fallen, den mit
den durchschnittlichen Leistungsträgern. Wollten wir uns auf
diesem Gebiet deutlich verbessern, müssten wir eifrig üben
und wohl auch unseren Lebensstil neu gestalten.

Jetzt stell dir vor, die Kurve würde das Risiko zeigen, an Parkinson zu erkranken. Durchschnittlich hoch ist es bei 70 Prozent der Bevölkerung. Wollten wir die Wahrscheinlichkeit,
Parkinson auszubilden, signifikant verringern, müssten wir
schleunigst anfangen, Lebensführung und Ernährung auf »gesund« umzustellen. Das Schöne daran: Du kannst deine Zukunft beeinflussen, indem du Entscheidungen triffst, auf die

du vermutlich gar nicht gekommen wärst, hättest du die Erkrankung für »Schicksal« halten müssen.

Sobald du beginnst, dir deine Welt herbeizuträumen, brichst du aus dem fetten Normalbereich der gaußschen Glockenkurve aus. Und keiner von uns möchte ja bloß Teil einer Statistik sein. Wir wollen etwas Besonderes sein, ein außergewöhnliches Leben führen. Und wir wollen gut altern, gesund sterben. Was voraussetzt, das wir bewusst beschließen, ein anderes, besseres Leben zu führen und unsere Chancen zu erhöhen.

Um ein außergewöhnliches Leben führen zu können, musst du die Träume transformieren, die dich an die Mittelmäßigkeit im Durchschnittsbereich der Kurve fesseln und die Albträume deiner Familiengeschichte reproduzieren.

Die Laika sprechen, wie schon erwähnt, von einem silbernen Buch, mit dem wir alle geboren werden und in dem die Schwierigkeiten unserer Lebensgeschichte niedergeschrieben sind. Diesem Buch zufolge steht unser Schicksal fest, und die Geschichte, die es erzählt, ist alles andere als einfallsreich. Nimmst du jedoch einen Stift zur Hand und beginnst, das *goldene* Buch vollzuschreiben, das nur aus leeren Seiten besteht und das uns auch allen mitgegeben wird, träumst du dir eine originelle Zukunft herbei, die weit über alles hinausgeht, was dir in die Wiege gelegt wurde.

Der stärkste Einstieg in das goldene Buch deines Lebens liegt in der Praxis des Herschenkens. Frag dich: Was habe ich zu bieten? Wie kann ich anderen das Leben schön machen und zu ihrer Heilung beitragen? Wie kann ich mich darin üben, allen Wesen zu Diensten zu sein? So entgehst du einem Leben, das darauf abzielt, früh in den Ruhestand zu gehen, möglichst viel Geld zu verdienen und das größte Haus zu besitzen, denn so ein Leben ist eine Sackgasse.

Die Realisierung dieses deines neuen Traumes wird vermutlich kein Kinderspiel sein. Im Gegenteil: Solche Träume gehen in der Regel mit allerlei Prüfungen einher. Wenn du dich für den Traum entscheidest, der auf die Spitze des heiligen Berges führt, wirst du durch wilde Flüsse waten müssen, dich im Wald verirren und am Rande des Abgrunds entlanghangeln. Wählst du dagegen den Traum, der dich zu der Wiese bringt, auf der die Kühe weiden, wird dein Blick sehnsüchtig an den Bergen in der Ferne hängen bleiben, und du wirst den Ruf verspüren, dich zu beweisen. Doch leider hast du viel zu viel damit zu tun, dir den Kuhmist von den Stiefeln zu putzen, als dass du dich deiner Berufung widmen könntest.

Die alten Griechen glaubten an drei Moiren (diesen entsprechen in der römischen Mythologie die Parzen), Schicksalsgöttinnen, die jedem Menschen bei der Geburt seine Bestimmung zuteilten. Klotho spann den Lebensfaden, Lachesis maß ihn ab und die dritte Schwester, Atropos, zerschnitt ihn. Von der Länge des Fadens hing die individuelle Lebenserwartung ab. Da die Moiren Göttinnen waren, führte an ihren Zuweisungen kein Weg vorbei. Und wachsen konnte man nur, indem man sein Los klaglos annahm und alle Widrigkeiten mit so viel Anmut wie möglich akzeptierte.

Schamanen dagegen sind der Überzeugung, dass man von dem Moment an, in dem man anfängt, sein goldenes Buch zu verfassen, aufhört, eine Figur aus einem Traum zu sein, und sich nicht länger an Texte halten muss, die man nicht selbst geschrieben hat. Du und nur du bist es, der sein Schicksal spinnt. Du kannst alles verändern, solange du es nur von einer

Ebene oberhalb derjenigen aus tust, auf der es nicht so gut lief.

Von drei Träumen zu dem einen heiligen Traum

Wie immer dein Traum von der Realität auch aussehen mag, das Universum wird dich darin bestätigen.

Transformiere die drei Träume, die dich von deiner Bestimmung abhalten, und du wirst dich in einem heiligen Traum wiederfinden. Voller Ehrfurcht wirst du die Blüte betrachten, die schon morgen ihre Blätter abwirft, und den Schmetterling, der nur einen einzigen Tag lang lebt. Du wirst den Tod im Leben entdecken – dir klarmachen, dass alles Lebendige zugrunde geht, und das Schöne daran erkennen. Du wirst jeden Moment genießen, dich an den Farben und Geschöpfen erfreuen, die dir auf deinem Weg begegnen, und bei Sonnenaufgang das Licht am Horizont bewundern. Du wirst einen schönen jungen Mann oder eine schöne junge Frau anschauen und dir nicht denken: »Bald bist auch du alt und verschrumpelt.« Denn an der Anmut der Jugend wirst du dich genauso erfreuen wie an der Weisheit des Alters. Während du dir die Spinnweben des Schlafs aus den Augen wischst, liebst du, ohne Dinge gegeneinander aufzurechnen, und fühlst dich beschützt, weil du weißt, dass du auf immer eins bist mit dem Urlicht, eingewoben in den heiligen Traum und ein starker Träumer.

Transformiere den Traum von der Beständigkeit, und du entdeckst das Unendliche, in dem du schon immer zu Hause warst, allenthalben von Liebe umgeben. Du findest heraus, dass alles im Universum aus Licht besteht, das sich danach sehnt, Gestalt anzunehmen. Doch zeigt es sich dann als Baum, Gras, Wal oder Mensch, sehnt sich das Licht bald nach seiner Formlosigkeit zurück – und findet sie im Tod. Wenn du das nächste Mal mit einer Taschenlampe in der Dunkelheit unterwegs bist, achte mal darauf, wie sich das Licht durch den Raum bewegt: unsichtbar nämlich. Erst in dem Moment, in dem der Strahl deiner Lampe auf einen Baum fällt, nimmst du die Form des Stammes wahr. Alle Gegenstände sieht man erst, wenn sie beleuchtet werden. In der materiellen Welt ist das Licht bloß eine Reflexion. In der unsichtbaren dagegen gibt es nichts anderes als Licht, und nichts kann sich ihm in den Weg stellen.

Nichts ist von Dauer. Aber genau das ist ja das Schöne am Leben. Was bleibt? Das Mysterium des Todes, den du nicht als Feind fürchten musst, sondern genauso gut mit Freuden annehmen kannst. Du kannst den Tod einladen, Freundschaft mit dir zu schließen, an deiner Seite zu gehen und dir im Rahmen des heiligen Traumes dabei zu helfen, in Furchtlosigkeit zu leben und zu lieben. Der Tod wird dich daran erinnern, dass leben nicht dasselbe ist wie »nicht sterben«. Dass wahre Sicherheit darin besteht, Teil des heiligen Traumes zu sein. Du wirst dich nicht länger vor dem Tod verstecken und die Unbeständigkeit des Lebens leugnen müssen. Auffallen wird dir, dass du keine Angst mehr hast, einen Freund im Krankenhaus zu besuchen, dass du einen sterbenden Verwandten trösten kannst, ohne dich darum zu kümmern, ob sein Tod wohl ansteckend sein könnte.

Weil du im Fluss des Lebens lebst, ist der Tod immer an deiner Seite. Transformiere die drei Tagträume, und du wirst auch das Leben im Tod erkennen: Alles, was stirbt, wird wiedergeboren. Dieses Wissen wird dich beruhigen.

Du weißt inzwischen, wie man die drei Träume transformiert, doch die Schlange wirft ihre Haut nicht in Stückchen und Fetzen ab, sondern in einem Rutsch, alles auf einmal. Solltest du also nur einen der Träume transformieren, bleibst du höchstwahrscheinlich in einem der beiden anderen verfangen.

Angenommen, du bist aus dem Traum von der Sicherheit aufgewacht, baust nicht mehr auf Versicherungspolicen, Alarmanlagen und Vorsorgeuntersuchungen. Stattdessen erkennst du, dass du dich auf dich selbst verlassen und zu einem Menschen werden kannst, dem sich auch andere anvertrauen, auf den sie zählen können. Den Träumen von bedingungsloser Liebe und von Beständigkeit bleibst du jedoch weiterhin verhaftet. Womöglich suchst du nach den völlig falschen Partnern und ziehst diejenigen an, die dich für die Erfüllung ihres Traumes von der Sicherheit halten. Sie spüren, dass sie bei dir Geborgenheit finden, und fordern als Gegenleitung für ihre Liebe ewigen Schutz. Sie führen Buch, zählen genau mit. Und sobald sie fürchten, du könntest sie verlassen oder auf irgendeine Weise betrügen, entziehen sie dir ihre Liebe. Da dir das natürlich auch nicht verborgen bleibt, fängst du ebenfalls an, eine Strichliste zu führen: wessen Liebe größer ist, wer mehr gibt, wer mehr nimmt.

Und sobald dein Partner das Gefühl bekommt, dich nicht mehr für selbstverständlich halten zu können, wird sein Traum von der Sicherheit die Liebe auslöschen, von der du dachtest, er würde sie ewig für dich empfinden.

Hast du zwar den Traum von der Sicherheit und den von der bedingungslosen Liebe transformiert, nicht aber den Traum von der Beständigkeit, findest du dich vielleicht in einer Beziehung wieder, von der du dir Zuflucht vor Alter und Tod versprichst, die dir auf den Fersen sind. Dann sagst du dir vielleicht »Ich sollte doch lieber bleiben, weil sich dieser Mensch wenigstens immer um mich kümmert« oder denkst »Dieser Job stinkt mir wirklich, aber immerhin ist er besser als Arbeitslosigkeit und Armut«. Solange dich der Traum von der Beständigkeit in den Klauen hat, wirst du jeden kleinen Kopfschmerz für das Anzeichen eines Hirntumors halten und das schnelle Pochen deines Herzens, nachdem du einen Berg hochgerannt bist, für einen drohenden Infarkt. Jeden Ausschlag wirst du im Verdacht haben, Hautkrebs zu sein, und schließlich aus lauter Angst vor schlechten Nachrichten überhaupt nicht mehr zum Arzt gehen.

Sobald du den Traum von der Beständigkeit transformiert hast, kannst du furchtlos jeden Moment deines Lebens genießen. Du bleibst dem heiligen Traum treu und schläfst nicht wieder ein, fällst nicht in die Albträume zurück, die einst zwischen dir und deiner Bestimmung gestanden haben.

Vom Sich-Entfalten der Schöpfung

Die alten Weisen glaubten, dass nichts auf der Welt existiert, bevor nicht jemand da ist, der es bezeugt und aus dem Netz der unendlichen Möglichkeiten herausfischt, ähnlich wie der Bildhauer, der aus einem Granitblock ein Pferd erschafft. Ohne dich und alle anderen Geschöpfe würde es keine Schöpfung geben, weil ja niemand da wäre, um ihr beizuwohnen. Was wir in der Schule gelernt haben – dass wir Menschen das

Ende einer langen Evolutionskette bilden –, ist nämlich nur die halbe Wahrheit. Sobald du aufwachst und dich anschickst, die Welt herbeizuträumen, erkennst du, dass sowohl die lange Kette der Evolution als auch das Universum selbst Ergebnis unserer Zeugenschaft sind.

Das nennen wir: die Zukunft verursachen.

Vor fünf Milliarden Jahren haben wir die Bedingungen für das Entstehen des Lebens geschaffen. Für diesen Schöpfungsakt sind wir alle verantwortlich, auch Vögel und Wale. Und da der Schöpfungsprozess noch längst nicht abgeschlossen ist, träumen wir die Welt weiterhin Tag für Tag herbei. Alles Leben würde enden, die Erde würde zu einem öden, trist durchs Weltall treibenden Felsen werden, sollten wir je aufhören, uns die Welt herbeizuträumen. Damit sich die Schöpfung weiter entfalten kann, müssen wir weiterträumen.

Die Gegenwart wird von Vorkommnissen aus der Vergangenheit beeinflusst, doch für den Träumer kann auch die Zukunft auf die Gegenwart einwirken. Wir sind nicht nur Produkte unserer familiären Erbanlagen und Dramen, sondern unter Umständen auch der Entwicklung, die wir in zehntausend Jahren genommen haben werden. Die Zukunft kann uns packen wie eine Riesenhand und uns in ein großartiges Übermorgen führen, in dem die Menschen nicht nur untereinander, sondern auch mit der Natur in Frieden leben, in dem Flüsse und Luft sauber sind und wir ein ganzes Leben lang gesund bleiben.

Gemeinsam träumen wir uns die gesamte Welt herbei. Dafür reicht es allerdings nicht, sich einen Parkplatz herbeizuwünschen, einen besseren Job, eine nettere Partnerin oder ein größeres Haus. Wenn du dir einen Parkplatz wünschst, bekommst du einen Parkplatz. Das ist nicht weiter schwierig. Beschwörst du dagegen träumend den Frieden auf Erden herauf, hält er sowohl in dein Leben Einzug als auch in das deiner Mitmenschen, und sei es mitten in einem Kriegsgebiet. Deshalb bitten Vertreter aller spirituellen Traditionen nie nur um Dinge, die sie selbst gerade brauchen oder sich wünschen, sondern beten immer für alle Lebewesen, auch ihre vermeintlichen Feinde.

Tag für Tag können wir unseren Beitrag zur Offenbarung des Traumes der Schöpfung leisten. Indem wir gemeinsam träumen, erschaffen wir die Welt in jedem Augenblick neu.

Die Alltagspraxis
des leuchtenden Kriegers

Die Integration der drei Praktiken des leuchtenden Kriegers in dein Leben wird dir helfen, deinen Traum zu transformieren und nicht wieder einzuschlafen. Dies ermöglicht es dir, dein Leben nicht mehr nur aus den Fäden zu weben, die versprechen, den Traum etwas angenehmer zu gestalten, sondern aus denen, die deine höchste Bestimmung beinhalten.

Indem du deinen persönlichen Traum transformierst, trägst du zur Entstehung einer neuen Vision der Welt bei. Und durch dein Aufwachen kannst du auch anderen beim Wachwerden helfen.

Denn du bist da, wo die Action ist. Fragen wie »Was kann ich für Sie tun?«, »Kann ich behilflich sein?« oder »Darf ich Ihnen helfen?« sind super Einstiege in die Praxis, die ich »Herschenken« nenne.

Am Anfang wäre es eine gute Idee, dir morgens als Erstes alle Übungen hier noch einmal durchzulesen.

Das tägliche Herschenken wird dich dabei unterstützen, die drei Träume zu transformieren, wach zu bleiben und deine Welt herbeizuträumen. Dabei ist die Verbesserung deiner

Lebensumstände nicht das höchste Ziel. Zwar wirst du sehr wahrscheinlich mehr Zufriedenheit empfinden und dich wohler fühlen, aber das eigentliche Ziel des leuchtenden Kriegers besteht darin, die Welt durch Schönheit und Heilung, durch die Linderung von Leid und durch Friedensaktivitäten zu transformieren. Künftig geht es dir nicht mehr darum, das Beste von allem zu *haben*, sondern *das Beste für alle zu sein*. Du willst nicht mehr den besten Job der Welt, sondern den *für die Welt* besten.

Die drei Übungen, die du im Folgenden erlernen wirst, sind nicht unbedingt subtil. Du wirst also nicht von einem sanften Streicheln der Wange oder vom Zupfen an einer Zehe geweckt, sondern eher von einem Eimer Eiswasser, der dir in die Seele gekippt wird. Doch auch wenn du sie als schwierig empfindest, solltest du dankbar für sie sein.

Herschenken, zum Ersten: Wahrheit

Bekenne dich zu deiner Wahrheit. Da dazu kaum mehr jemand bereit ist, stellt dies bereits die erste Übung dar. Die Wahrheit ist nämlich unbequem geworden. Hab aber keine Angst, dir könnte etwas passieren, wenn du dich zu deiner Wahrheit bekennst und nach ihr lebst. Im Gegenteil: Solltest du es nicht tun, gehst du ein.

Lass andere großzügig an deiner Wahrheit teilhaben. Und zwar, indem du sie lebst.

Verleih deiner Wahrheit Ausdruck und denk dabei daran, dass es auf der einen Seite so etwas gibt wie »die Wahrheit« (im Allgemeinen Dinge, die man dich glauben machen will) und auf der anderen *deine Wahrheit*. Vergiss nicht, dass »die Wahrheit« der Geschichte und »die Wahrheit« der Fakten die Wahrheiten von anderen sind. *Deine Wahrheit* dagegen beruht auf deinen Erfahrungen, deinem Leiden, deinem Gesunden, deinem Vergeben und deinem Lieben.

Deine Wahrheit liegt in deinem Herzen. In den Herzen anderer brauchst du sie gar nicht erst zu suchen, denn da ist nur deren Wahrheit, nicht aber die deine. Schau in dein eigenes Herz, würdige und feiere die Wahrheit, die du darin entdeckst, so furchterregend das auch sein mag.

Deine Wahrheit ist mysteriös, schwer in Worte zu fassen, hintergründig. Sie besteht darauf, dass du Mut und Zivilcourage an den Tag legst, auch wenn es dir Angst macht.

In Anlehnung an Mark Twain kann man sagen: Kein Wunder, dass die Wahrheit merkwürdiger ist als Literatur – Letztere muss sich nach den Möglichkeiten richten. Deine Wahrheit richtet sich nicht nach den Möglichkeiten, denn es handelt sich um die Wahrheit des Herzens, nicht um die des Kopfes. Aufpassen musst du von dem Moment an, in dem deine Wahrheit anfängt, sich rational, stimmig und logisch anzuhören, denn das könnte ein Zeichen dafür sein, dass es sich nicht länger um die Wahrheit deines Herzens handelt.

»Die Wahrheit« – jene Wahrheit, die deiner eigenen vorzuziehen man dir beigebracht hat – ermutigt dich, aus einer Position der Stärke heraus zu führen, deine Schwächen zu verbergen und alles zu tun, um dich nur von deiner besten Seite zu zeigen.

Anstrengend ist das.

Deine Wahrheit dagegen ermutigt dich, sensibel zu führen, deine Schwachpunkte durchscheinen zu lassen, den emotionalen Panzer abzulegen. Sie versucht nicht, die ungeschliffenen Seiten deines Kristalls zu verbergen oder dir Superman- oder Superwoman-Outfits überzustreifen. Sie ist nachgiebig und doch mutig, sanft und doch unaufhaltsam. Deine Wahrheit erlaubt es dir, unter allen Umständen zu sein, wie du bist.

Das tut gut.

Achte mal auf die Macht des Wortes, wenn du deiner Wahrheit Ausdruck verleihst. Du weißt ja: Am Anfang war das Wort, und Worte können zaubern. Worte materialisieren sich. Und die Formulierungen, die du findest, um deine Wirklichkeit zu beschreiben, *werden* zu deiner Wirklichkeit. Ausdrücke wie »sauer« oder »traurig« machen dich … sauer beziehungsweise traurig. Doch gilt das auch für Wörter wie »Freude«, »Gnade« und »Frieden«. Probier es am besten gleich mal aus und sag: »Von jetzt an spreche ich meine Wahrheit aus und lebe sie auch.« Achte darauf, wie es sich anfühlt, wenn du diese Aussage triffst, laut und klar. *Wahrheit.*

Deine Wahrheit wird dir keinerlei Kungelei mit populären »Wahrheiten« durchgehen lassen. Die auf Konsens beruhende »Wahrheit« ist eine einvernehmlich weiterverbreitete Geschichte, an der wir keine Aktien haben, weil sie nicht unserer Feder entstammt. Viele solcher Konsens-Wahrheiten sind eng miteinander verknüpft und laufen im Allgemeinen auf Folgendes hinaus: *Wir sind das erwählte Volk. Wir haben privilegierten Zugang zur einzig wahren Wahrheit.* Die Konsenswahrheit ist nicht wahr, sondern quasi stammesspezifisch.

Wenn sich die Leute das Maul über Katholiken zerreißen, wirst du zum Katholiken. Erweisen sie sich als antisemitisch, bist du Jüdin. Äußern sich andere kritisch über Muslime, wendest du dich nach Osten und verbeugst dich Richtung Mekka. Übe dich in furchtloser Wahrheit.

Mach den Mund auf, sobald du bemerkst, dass der König tatsächlich nackt ist. Sag deine Wahrheit und steh für deine Überzeugungen ein, auch wenn du meinst, dadurch deine Karriere, Ehe oder deinen Ruf zu gefährden. Sprich frei heraus, wissend, dass dir nichts passieren kann und dass sich das Universum mit dir verschworen hat, um sicherzustellen, dass das auch so bleibt.

Steh zu deinem Wort. Denn solltest du wortbrüchig werden, machst du aus deiner Wahrheit eine Lüge. Deine Wahrheit ist nur dann wahrhaftig, wenn dein Kopf, dein Herz und deine Seele mit einer Stimme sprechen. Solange Selbstdarstellung und Selbstwahrnehmung bei dir übereinstimmen.

Vergiss nicht: Fakten sind nicht identisch mit der Wahrheit, und auch die Wirklichkeit ist nicht notwendigerweise wahr, so real und »objektiv« sie sich auch präsentieren mag.

Spricht jemand eine bittere Wahrheit aus, die du nur schwer akzeptieren kannst, sag Danke dafür.

Praktisch besteht die optimale Ausformung deiner Wahrheit darin, das Pferd ganz von hinten aufzuzäumen und das Mögliche zu erträumen, bevor du die Chancen des Gelingens abwägst. Das ist gemeint, wenn es heißt, im Rahmen des heiligen Traumes ein furchtloses Leben zu führen. Kümmere du dich um das Unmögliche und überlass das Mögliche, das Gewöhnliche den Geträumten.

Herschenken, zum Zweiten: Schönheit

Sieh überall das Schöne. Das ist die zweite Praxis des Herschenkens, denn kaum jemand ist ja in der Lage, das Schöne mehr als einen flüchtigen Augenblick lang wahrzunehmen. Wir alle suchen nach dem Schönen, sind aber darauf konditioniert, eher das Hässliche zu sehen, uns von schlechten Nachrichten faszinieren und in die Dramen anderer hineinziehen zu lassen, Tratschtanten beziehungsweise -onkel und Pessimisten zu werden.

Zeig allen das Schöne allenthalben. Und überlass anderen die Erklärung, warum es nicht von Dauer sein wird, warum es mit dem Alter verwelkt, warum es lang nicht so wichtig ist wie der Mist da drüben um die Ecke.

Lass die Leute dich ruhig für naiv halten, lass sie denken, du wärest nicht in Kontakt mit der Wirklichkeit oder würdest keine TV-Nachrichten sehen.

Praktizierst du Schönheit, hast du alle Zeit der Welt, weil dich die Schönheit in die Zeitlosigkeit führt. Denn Schönheit setzt Stille voraus, Innehalten, Stehenbleiben angesichts einer frischen Mandelblüte oder der Königin der Nacht, jenes Kaktus, der nur eine Nacht blüht.

Die Wahrnehmung von Schönem ist nichts Passives, sondern so aktiv und stärkend wie kaum etwas sonst. Indem du nur Schönes wahrnimmst, träumst du die Schönheit herbei. Wenn du in erster Linie Schönes siehst, transformierst du deine Landkarte der Wirklichkeit, die du mit größter Wahrscheinlichkeit in früher Kindheit von deinen Eltern übernommen hast. Und sobald deine inneren Karten voller Schönheit sind, gewinnt auch deine äußere Welt enorm an Glanz.

In dem Maße, in dem du die Schönheit praktizierst, kostest du von der Unendlichkeit und kommst in Kontakt mit deiner Unsterblichkeit. Zeit wirst du haben – zum Lachen, Meditieren, Helfen. Solltest du bislang unter einem Mangel an Zeit gelitten haben, wirst du davon jetzt im Überfluss haben.

Nimm auch dann Schönes wahr, wenn alles um dich herum hässlich zu sein scheint. Wenn alle nur Dunkelheit sehen, dann deute du auf das Flämmchen, das tief in den Schatten flackert.

Verschönere jeden Moment mit einem aufrichtigen Lächeln. Lass andere an deiner Freude teilhaben. Mach ihnen zum Geschenk, dass du das Schöne in ihnen und in allen Lebenssituationen siehst. Die Schönheit wird dich suchen und finden. Und in dem Maße, in dem du Schönes an anderen wahrnimmst, erkennst du es auch an. Bediene dich einer schönen Sprache, zu der auch ein Wort wie »danke« gehört. Entdecke das Schöne an deinem Gesprächspartner, selbst wenn eure Unterredung heikel und schwierig sein sollte.

Die Weisen fanden heraus, dass die Schöpfung nicht komplett ist, weil der Große Geist am siebten Tag sagte: »Die Schmetterlinge, die Wale, die Adler habe ich jetzt erschaffen. Und sind sie nicht herrlich geraten? Aber von jetzt an macht ihr weiter.«

Die Macht der Schönheit besteht darin, dass sie mit dem Urlicht zusammen weiterschöpfen kann. Dabei sind die Farben das Schöne, die Wirklichkeit ist die Leinwand, und du bist der Pinsel, mit dem du das Licht in seinen zahllosen Schattierungen aufträgst und die Welt herbeiträumst.

Denn das ist deine heilige Aufgabe: die Schöpfung zu vollenden – mit Schönheit, in Schönheit, aus Schönheit.

Verschwende deine Schönheit freigebig an andere, und du wirst bis ans Ende deiner Tage von Schönheit umgeben sein.

Herschenken, zum Dritten: Liebe

Weil sie das Einzige ist, was wirklich dir gehört, ist die Liebe letztlich auch das Einzige, was du wirklich weggeben kannst. Wobei ich mit »Liebe« nicht das komische Gefühl in der Magengrube meine, das sich in Gesellschaft eines Menschen, den man mag, manchmal einstellt. Vielmehr ist Liebe die stärkste Kraft im Universum. Und das Universum spiegelt dir immer alles, was du ihm anbietest. Die einzige Möglichkeit, mehr von allem zu bekommen, was du brauchst, besteht darin, freigebig mit deiner Liebe umzugehen.

Dann wirst du mit Gutem aller Art geradezu überschüttet.

Sobald du den Traum von der bedingungslosen Liebe transformiert hast, bist du in der Lage, zu lieben, ohne irgendetwas vorauszusetzen oder Gegenrechnungen welcher Art auch immer anzustellen.

Die bedingungslose Liebe ist wild und leidenschaftlich, sowohl ruhig als auch stürmisch. Sie verlangt nichts, fordert aber alles.

Die Liebe bleibt so lange an Bedingungen geknüpft, wie du anderen die Verantwortung für deinen Schmerz oder dein Glück zuschiebst. So lange buhlst du um die Liebe und dienst dich dem Höchstbietenden an – derjenigen Person, die dir den meisten Zuspruch, Trost oder die größte Freude verspricht. Nach einer Weile wird dir dann klar, dass du dich auf einen Kuhhandel eingelassen hast, dass du betrogen und übers Ohr gehauen wurdest, weil man die Liebe eben nur verschenken kann. Und sie ist der eigentliche Mittelpunkt des Herschenkens.

Die zu lieben, die uns auch lieben, ist leicht. Deine wahre Stärke entdeckst du erst, wenn du in der Lage bist, jemanden zu lieben, der deine Gefühle nie erwidern wird. Wer hat deine Liebe so gar nicht verdient? Wer ist das verabscheuungswürdigste Ekel, das du kennst oder von dem du je gehört hast? Kannst du nicht doch irgendetwas Liebenswertes an diesem Menschen finden? Einfach so, zu Übungszwecken? Die Scheußlichkeiten von Tyrannen entschuldigt die Liebe nicht – ganz im Gegenteil. Sie ermöglicht es uns, jenen Anteil von uns zu heilen, der uns für unsere Ähnlichkeit mit dem Widerling verachtet.

Eines meiner Lieblingszitate über die Liebe stammt von Khalil Gibran und lautet: »Gott sagte: Liebet eure Feinde. Ich habe ihm gehorcht und mich selbst geliebt.«

Liebe ist ein Daseinszustand. Man kann verliebt sein. Solange es andauert, macht es auch richtig Spaß; oder aber man *wird* zu Liebe, was viel komplexer, interessanter ist und keine Grenzen kennt.

Liebe ist der Wesenskern des Urlichts. Die Quelle seiner unendlichen Großzügigkeit. In dem Moment, in dem du zu Liebe wirst, hebst du deine Trennung von der Quelle alles Sicht- und Unsichtbaren auf.

Liebe ist die Praxis des In-Vorleistung-Gehens, ohne einen Gegenwert zu erwarten. »In Vorleistung gehen« heißt in diesem Zusammenhang, dankbar zu sein, obwohl einem schlimme Dinge zustoßen. Sich zu bedanken, obwohl es nicht den geringsten Grund dafür zu geben scheint. Die bitteren Kräuter, die das Leben verteilt, genauso wertzuschätzen wie die süßesten Früchte.

In Vorleistung gehen oder jemandem einen Stein in den Garten werfen

Unter »In Vorleistung gehen« beziehungsweise »Jemandem einen Stein in den Garten werfen« werden manchmal Einzahlungen auf unser spirituelles Bankkonto verstanden, von dem man in harten Zeiten Abhebungen tätigen kann. Doch wahres Herschenken bedeutet, zu geben, ohne irgendetwas dafür zu erwarten. Selbst die Erwartung auch nur der kleinsten Belohnung ruiniert den Akt der Liebe bereits, denn der besteht darin, sich ohne jeden Grund dankbar zu zeigen. Gib großzügig, vollkommen unabhängig von der Frage, ob du in diesem oder einem späteren Leben irgendeine Gegenleistung dafür bekommst. Gib ohne das Bedürfnis, in den sozialen Medien darüber zu posten und darauf zu achten, wie viele Likes, Retweets oder Kommentare du dafür bekommst.

Lass die Kraft des Urlichts sich auf seine eigene wunderbare, mysteriöse Art und Weise verbreiten.

Das Englische kennt wie viele andere Sprachen auch zahlreiche Bezüge zur Kraft des Lichtes. In den Prophezeiungen der Hopi beispielsweise ist vom Aufgehen der fünften Sonne die Rede. Die Hindus sprechen von Erleuchtung und dem Erlangen der Leuchtkraft des Geistes. Buddhisten im Himalaja wissen um einen Lichtkörper, den man erlangen und auf die Reise in die Gefilde des Unsichtbaren mitnehmen könne. Sobald man über diesen Lichtkörper verfüge, heißt es, habe der proteinbasierte Leib seine Dienste getan und verschwinde in einem hellen Lichtblitz. So ergehe es einem also wie dem Phoenix, der ein Opfer der Flammen wird. Mit dem Unterschied, dass die Verfechter der Lichtkörper-Theorie nichts von zurückbleibender Asche wissen.

Ich bin mir zwar sicher, dass diese Praxis für viele Tibeter durchaus real ist, habe den Lichtkörper aber immer mehr für eine Metapher gehalten als für die Beschreibung eines realen Phänomens. Don Manuel jedoch klärte mich auf: Würden wir erst einmal begreifen, dass alles im Universum aus Licht besteht, auch wir selbst, so glauben die andinen Meister, könnten wir unsere Luminosität erleben. Und sollte man diese Erfahrung zufällig kurz vor seinem Lebensende machen, nimmt man nicht nur sein Bewusstsein nach dem Tod mit, sondern ist auch in der Lage, den physischen Körper zu verbrennen und zu Treibstoff für die Reise in die höchsten Gefilde zu machen. Doch solange du glaubst, dass die Energie, die du empfindest, deine sei, dass das Licht, das du spürst, deines sei, bleibst du in deinem Traum gefangen.

Sobald du erkennst, dass es keinerlei Unterschied zwischen deinem Licht und dem Urlicht gibt, kannst du dich frei zwischen der sichtbaren und der unsichtbaren Welt hin und her bewegen. Du kannst mit Leichtigkeit von einer Seite der Gleichung $E=mc^2$ zur anderen gelangen.

Ich bin fest davon überzeugt, dass die Laika auf dem Istzeichen von Einsteins berühmter Gleichung tanzen konnten. Sie halfen, Ideen aus der unsichtbaren Energiewelt zu materialisieren, und unterstützten Sterbende bei der Rückkehr in die Welt des Spirits. Das war die Arbeit, die die Schamanen verrichteten, Tag für Tag.

Unsere Arbeit als leuchtende Krieger besteht darin, einen neuen Traum zu gestalten, der unsere Welt so verändert, dass ihr eine nachhaltige Zukunft bevorsteht.

Das geht, indem du deine alten Träume transformierst. So kannst du deinen heiligen Traum leben und Zug um Zug eine neue Welt herbeiträumen.

Worauf wartest du noch? Was hast du zu verlieren?

Dank

Zuallererst gilt mein Dank den mesoamerikanischen Kalendermachern – den Männern und Frauen, die die Kunst beherrschten, aus der gewöhnlichen Zeit herauszutreten. Der aztekische Kalenderstein kündigt als gigantischer Kalender das Ende des vierten Weltzeitalters und den Beginn der fünften Sonne an.

Gegenstand von *Schamanische Schöpferkraft* ist nicht die wissenschaftliche Anthropologie; eher gebe ich Mythen wieder und zeichne private Plaudereien nach, die ich hatte. Doch bin ich beim Verfassen des Buches von Anthropologinnen und Anthropologen unterstützt und inspiriert worden, unter anderem von Loren McIntyre, Marlene Dobkin de Rios und Wade Davis, bei denen ich mich dafür aufs Herzlichste bedanken möchte.

Seine Konzeption verdankt *Schamanische Schöpferkraft* Patty Gift, meiner lieben Freundin und langjährigen Lektorin bei Hay House. Sie erkannte den unschätzbaren Wert der wilden Erzählungen meines alten Mentors Don Manuel Quispe und der Gespräche, die wir hoch in den Bergen miteinander geführt haben. Nancy Peske und Jan Johnson halfen mir bei der

Bearbeitung des endgültigen Manuskripts; Sally Mason-Swaab ist es zu verdanken, dass die letzten Geburtsphasen des Buches relativ schmerzfrei und ohne größeres Blutvergießen verliefen. Ohne sie alle hätte dieses Projekt nie realisiert werden können.

Zu guter Letzt möchte ich mich bei den alten Schamanen bedanken, bei den ersten Hütern der Weisheit, die sich über die Ufer des Bekannten hinausgewagt haben, um die Tiefen des Flusses der Zeit zu erkunden und die Schätze zu verbergen, die wir Heutigen gerade wieder entdecken.

Über den Autor

Dr. Alberto Villoldo, Psychologe und medizinischer Anthropologe, hat sich intensiv mit den traditionellen Heilpraktiken am Amazonas sowie mit den andinen Schamanen befasst. Er leitet The Four Winds Society, in deren Rahmen er schamanische Energiemedizin unterrichtet. Darüber hinaus ist Villoldo Begründer der Light Body School mit Lehrstätten in New York, Kalifornien, Chile und Deutschland. Als Leiter des Center for Energy Medicine widmet er sich forschend und experimentierend der Neurowissenschaft der Erleuchtung. Zu den zahlreichen Bestsellern aus seiner Feder gehören unter anderem *Das geheime Wissen der Schamanen*, *Mutiges Träumen*, *One Spirit Medizin* und *Das schamanische Seelenorakel*.

Die Vergangenheit heilen, die Gegenwart verstehen, die Zukunft gestalten

Dieses außergewöhnliche Orakel-Set bringt die Weisheit dreier großer spiritueller Lehrer und Heiler zusammen: 64 machtvolle Symbole aus den unterschiedlichsten schamanischen Traditionen dieser Welt eröffnen einen intuitiven Zugang zu verborgenen Lebensthemen. Ein wunderschön gestaltetes Set mit 64 Karten und ausführlichem, großformatigem Begleitbuch.

GTIN 4250939400037